JOÃO 3.16 É A SÍNTESE DO EVANGELHO?

DAVID PAWSON

ANCHOR RECORDINGS

Copyright © 2020 David Pawson Ministry CIO
English title: *Is John 3:16 the Gospel?*

Os direitos autorais referentes a este livro são assegurados a David Pawson, de acordo com a Lei de Direitos Autorais, Desenhos Industriais e Patentes de 1988 (Reino Unido).

Uma publicação da Anchor Recordings Ltd
DPTT, Synegis House, 21 Crockhamwell Road,
Woodley, Reading RG5 3LE, UK

Todos os direitos reservados.

Nenhuma parte desta publicação pode ser reproduzida ou distribuída, em qualquer forma ou por quaisquer meios, sejam eles eletrônicos ou mecânicos, incluindo fotocópias e gravações, ou por qualquer sistema de armazenamento e recuperação de informações, sem autorização prévia, por escrito, da Editora.

www.davidpawson.com

www.davidpawson.org

ISBN 978-1-913472-23-8

Impressão: INGRAM

PREFÁCIO

Esta publicação baseia-se em uma palestra. Por originar-se da palavra falada, muitos leitores considerarão seu estilo um tanto diferente do meu modo costumeiro de escrever. Espero que isto não venha a depreciar a essência do ensino bíblico encontrado aqui.

Como sempre, peço ao leitor que compare tudo o que digo ou escrevo ao que se encontra registrado na Bíblia, e, caso perceba um conflito em qualquer ponto, sempre fie-se no claro ensino das Escrituras.

David Pawson

Sumário

PREFÁCIO	3
1. UMA SÍNTESE DO EVANGELHO?	7
2. O SIGNIFICADO DE UMA PALAVRA	15
3. O DEUS QUE MATA	37
4. UM MESTRE NO ESCURO	47
5. A MENSAGEM PARA OS CRISTÃOS	59
6. O APÓSTOLO DA IRA	71
POSFÁCIO E ORAÇÃO	75

1
UMA SÍNTESE DO EVANGELHO?

Tenho em minha biblioteca uma cópia do livro *The Gospel in Four Thousand Languages* [O evangelho em quatro mil línguas]. Quando o abrimos, encontramos um único versículo, João 3.16, traduzido em quatro mil línguas! Esse é o versículo mais conhecido do Novo Testamento – possivelmente de toda a Bíblia – e, na opinião de muitos, oferece um bom resumo do evangelho. É um dos poucos versículos cuja referência é conhecida pela maioria dos cristãos.

Porque Deus tanto amou o mundo que deu o seu Filho Unigênito, para que todo o que nele crer não pereça, mas tenha a vida eterna.

Chamado de "texto áureo", João 3.16 é citado por muitos como uma espécie de "síntese do evangelho". Assim como a maioria dos pregadores, eu também já o usei como texto-base de um sermão. Hoje, no entanto, confesso que, como a maioria dos cristãos, eu compreendia o texto de forma totalmente equivocada. Lembro-me de alguns dos títulos que dei às várias seções do meu sermão sobre o tema. Comecei com "o maior amor", em seguida "o melhor presente", depois o "mais terrível dos perigos", concluindo com "a mais longa vida". Posso lembrar-me de trechos do sermão de anos atrás, mas jamais poderia pregá-lo novamente. Assim que você descobre o verdadeiro sentido de um versículo, não consegue mais voltar a usá-lo com o sentido incorreto. Portanto, alerto quanto à alta probabilidade de que eu estrague João 3.16 para você pelo resto da sua vida. Mas espero que este livro também lhe mostre o verdadeiro sentido dessa maravilhosa e importante mensagem, especialmente para os cristãos.

Usamos João 3.16 principalmente como um texto evangelístico. Você certamente conhece o clichê "texto sem contexto torna-se pretexto". Lamentavelmente, o versículo também pode ser usado como um "texto de comprovação". Como consequência da divisão da Bíblia em capítulos e versículos numerados, há certa tendência em tratar a Bíblia como uma caixa cheia de textos de comprovação. Acreditamos que, se conseguirmos encontrar um versículo que expresse o que gostaríamos de dizer, então teremos comprovação bíblica de uma visão ou posição em particular. João 3.16 tem sido usado dessa forma, fora de contexto. Creio que seja um dos versículos mais mal interpretados, mal compreendidos e mal aplicados da Bíblia, como veremos. Precisei estudá-lo com muito mais atenção do que já havia feito, pois são muitos os e-mails e cartas que recebo com uma simples pergunta: "O que você tem a dizer sobre João 3.16?". Nos últimos anos, sinto um peso cada vez maior quando penso que cometemos o grande erro de colocar o *amor* de Deus como centro da nossa pregação do evangelho. Talvez você fique chocado com essa afirmação, mas explico o que estou querendo dizer. Nos últimos cem anos, a pregação do evangelho tem começado com a ênfase no amor de Deus. Pregamos aos incrédulos que Deus é amor, que ele ama todos, e, portanto, ama *"você"*, o indivíduo incrédulo. Concentramo-nos no amor de Deus como a *principal mensagem* que temos a oferecer ao mundo. A boa notícia é que Deus o ama e deseja que *você* tenha conhecimento disso e aceite esse amor. A verdade, contudo, é que os apóstolos jamais se expressaram dessa forma!

Particularmente perturbadora é a expressão que entrou de mansinho no meio cristão há aproximadamente vinte anos "o amor incondicional de Deus". Recentemente, pedi aos presentes em um grande encontro cristão que erguessem as mãos se já tivessem ouvido a expressão "o amor incondicional de Deus". Mais de três quartos dos presentes indicaram já tê-la ouvido. Então pedi: "Por favor, levante a mão se você encontrou essa frase em sua Bíblia". Obviamente, ninguém se manifestou. Então, de onde veio essa frase? Nós a adotamos, mas ela expressa algo extremamente enganoso. O adjetivo "incondicional" pode ter vários significados distintos.

A afirmação de que o amor de Deus é incondicional implica que ele ama todos *da maneira como são*. É assim que os incrédulos entendem essa frase. O amor de Deus é "incondicional", o que significa, portanto, que ele não julga as pessoas. Ele as ama como são, então anunciamos: "Venha a ele do jeito que *você está*". O que aconteceu com a palavra "arrependimento" – cujo significado, na realidade, é "mudança"?

O primeiro passo para achegar-se a Deus, o passo antes de qualquer outro, é mudar, *arrepender-se*. No entanto, a expressão "o amor incondicional de Deus" exprime a ideia "venha como você está". Comecei a sentir um peso cada vez maior em meu espírito e passei a fazer indagações radicais a respeito da pregação do amor de Deus a incrédulos – especialmente sobre o amor "incondicional". Pregando dessa forma, estamos de fato fazendo o que o Senhor deseja que façamos?

Sendo assim, fiz meu dever de casa e descobri muitas coisas surpreendentes a respeito da Bíblia no que se refere ao amor de Deus. Minha primeira descoberta foi o pequeno número de referências ao tema encontradas na Bíblia. Talvez você tenha a impressão de que a Bíblia toda fala do amor divino, mas, quando estudamos o assunto, encontramos apenas 35 versículos que se referem direta e explicitamente ao amor de Deus. E você sabe quantos versículos há na

Bíblia? Trinta e cinco mil! Portanto, em mil versículos, apenas um refere-se ao amor de Deus. Foi uma grande surpresa para mim. Eu acreditava que a Bíblia estava repleta deles.

A segunda surpresa, ainda maior, foi que todas as menções ao amor de Deus encontradas na Bíblia são dirigidas aos que já foram por ele redimidos da escravidão – seja a *escravidão no Egito*, sob o domínio de faraó, ou a *escravidão ao pecado*, sob o domínio de Satanás. Somente aqueles que Deus resgatou da escravidão falam uns aos outros sobre o amor divino. No Antigo Testamento, os judeus falavam do amor de Deus a outros judeus somente. No Novo Testamento, os cristãos falavam do amor de Deus apenas a outros cristãos. Era um tema restrito. A razão para isso talvez seja o fato de que somente os que foram redimidos por Deus podem entender o seu amor. Os outros não têm entendimento suficiente para compreender, de fato, o que é o amor de Deus até que tenham sido eles mesmos resgatados e redimidos. Ampliando um pouco mais a questão, observe também que nem Jesus nem os apóstolos jamais pregaram em público sobre o amor de Deus.

Sempre faço esse apelo àqueles a quem ensino: não acredite no que eu digo até conferir por si mesmo o que a Bíblia diz; então veja se estou certo ou errado. Peço que valide, portanto, o que digo, mas realmente nunca encontrei um único exemplo em que Jesus e os apóstolos tenham pregado a incrédulos a respeito do amor de Deus. A ausência mais marcante está no livro de Atos, que, seguramente, é um manual da igreja primitiva no que se refere a evangelização, propagação do evangelho e plantação de igrejas. Em todo o livro de Atos, contudo, não há uma única menção ao amor de Deus. Não era o que eles pregavam. Não era assim que proclamavam o evangelho. Não era dessa forma que plantavam igrejas. Sem qualquer verificação de nossa parte, simplesmente presumimos que fosse assim.

Desse modo, depois de analisar esses versículos bíblicos, cheguei à conclusão de que falar do amor de Deus a incrédulos é um exemplo clássico de algo que Jesus não ordenou que fizéssemos. Ele disse: "Não atirem suas pérolas aos porcos". Em vez de valorizar o que você está lhes oferecendo, "estes as pisarão e voltando-se contra vocês, os despedaçarão". Nunca preguei sobre esse texto, tampouco ouvi uma pregação a respeito. No entanto, comecei a indagar: o que Jesus quis dizer com isso? Que "pérolas" são essas que ele tinha em mente quando nos exortou a "não atirá-las aos porcos", pois eles não as entenderão ou apreciarão? Cheguei então à conclusão de que falar sobre o amor de Deus aos que não foram redimidos é precisamente um exemplo de "atirar pérolas aos porcos". Jesus disse que se assim fizermos, eles se voltarão contra nós e nos atacarão. Descobri que quando falamos a incrédulos sobre o amor de Deus, eles imediatamente viram-se contra nós e nos despedaçam. Logo de cara, apresentam duas objeções muito profundas. Primeira: "Se Deus ama as pessoas, por que há sofrimento neste mundo?". Segunda: "Se Deus ama as pessoas, como você pode crer que um dia ele as castigará no mundo vindouro?". Essas são as reações imediatas dos incrédulos quando afirmamos que Deus ama todas as pessoas.

Sem hesitação, eles vão mencionar os desastres naturais. O tsunami na Ásia é um exemplo clássico. Como um Deus de amor pôde permitir que algo assim acontecesse, ou mesmo o terremoto que o causou? Como pode um Deus amoroso simplesmente deixar que esse tipo de desastre aconteça? Essa é a reação imediata quando declaramos que o Deus que criou a natureza e que a tem sob seu domínio é um Deus de amor. Como isso pode ser possível?

Quando o tema é o sofrimento [ou castigo] no mundo vindouro, a reação é ainda mais forte. Escrevi um livro chamado *The Road to Hell* [A estrada para o inferno]. Uma divulgação equivocada da obra em certa revista de abrangência nacional dizia: "Leia a autobiografia de David Pawson"! Quando o livro foi lançado, fui convidado mais de uma vez pela imprensa para discutir meus pontos de vista. Parece-me que é raro encontrar hoje um pregador que ainda acredite no inferno e afirme isso. Eu fui ao estúdio da BBC, mais de uma vez, e, estranhamente, a entrevista começava sempre com a mesma pergunta. Foi ficando maçante. A primeira pergunta era: "Sr. Pawson, o senhor escreveu um livro sobre o inferno. Como um Deus de amor pode mandar alguém para o inferno?". Essa primeira pergunta era sempre feita com o intuito de atacar a fé cristã. Se Deus é um Deus de amor, como pode mandar alguém para o inferno?

Eu costumava responder com outra pergunta. Aprendi essa técnica com o próprio Senhor. Eu dizia: "E quem disse que Deus é um Deus de amor?".

Descobri que isso costumava abalar o entrevistador. "Bem...bem...", eles hesitavam e gaguejavam, "Não são os cristãos que creem nisso? E não foi o que Jesus ensinou?".

Eu dizia: "Para falar a verdade, foi sim o que ele ensinou. Por outro lado, Jesus também ensinou tudo o que sabemos sobre o inferno, pois, na Bíblia, ele é o único a falar sobre o tema. Não há nenhuma palavra a respeito do inferno no Antigo Testamento. Pedro não fala nada sobre o inferno. Paulo também não. E João tampouco. Tudo o que sei sobre o inferno vem dos lábios de Jesus". A essa altura, eles começavam a consultar o relógio e abreviavam um pouco a entrevista!

Quando declaramos "Deus ama você", as pessoas respondem imediatamente: "Por que ele permite o sofrimento neste mundo" e "Como você pode acreditar que ele castigará as pessoas no mundo vindouro?". Coloque pérolas diante de porcos e eles se voltarão e o despedaçarão.

Há coisas [ou mensagens] que são preciosas demais para serem desperdiçadas, anunciando-as indiscriminadamente. Outra pérola é a paternidade de Deus. Você sabia que Jesus nunca falou publicamente sobre a paternidade de Deus? Ele nunca ensinou que Deus é Pai de *todos*. A paternidade lhe era tão preciosa que nunca fez parte de seu ensino *público*. Somente quando estava com seus discípulos, Jesus falava sobre "meu Pai" e "seu Pai". A paternidade é muito valiosa. É uma pérola.

* * * *

Quando participei de um programa de TV, afirmei algo assim: "Não conheço um único versículo bíblico que diga claramente que Deus ama todas as pessoas do mundo". A resposta era sempre imediata! E a resposta, invariavelmente, era: "E João 3.16?". A razão pela qual vamos concentrar este estudo nesse único versículo é o fato de que ele tem sido usado para justificar a pregação de *um evangelho do amor de Deus*. Tem sido usado como base para a afirmação de que Deus ama todas as pessoas, sem exceção. E tem sido usado de muitas formas diferentes. O enfoque principal deste livro não é ensinar o que devemos pregar em público a respeito de Deus, mas, sim, posso dizer em poucas palavras que devemos pregar a sua *justiça*.[1] A justiça de Deus é o principal tema da Bíblia. É o tema principal da pregação dos apóstolos. Paulo, portanto, pôde afirmar: "Não me envergonho do evangelho, porque é o poder de Deus para a salvação de todo aquele que crê [...] Porque no evangelho é revelada a justiça de Deus, uma justiça que do princípio ao fim é pela fé, como está escrito: 'O justo viverá pela fé'". Note que o apóstolo não

---

[1] Veja o livreto de minha autoria: *The God and the Gospel of Righteousness* [Deus e o evangelho da justiça].

menciona o amor de Deus! Seu evangelho era um evangelho de justiça, e é bom que seja assim. Essa é a boa nova. A diferença é que, quando pregamos um evangelho de justiça, a primeira resposta que buscamos é o arrependimento – até mesmo antes da fé. O evangelho pregado pelos apóstolos buscava uma resposta de arrependimento. Você se arrepende diante de um Deus que é justo.

2
O SIGNIFICADO DE UMA PALAVRA

Em tudo o que veremos a seguir, nosso foco será essa simples objeção que costuma surgir quando explico que o amor de Deus não é incondicional: "E João 3.16?". "Com certeza", afirmam muitos, "esse é o evangelho do amor – fala de um Deus que amou tanto o mundo que deu seu único Filho; é um evangelho que nos chama a crer nele". Será mesmo? Quando analisarmos em profundidade esse único versículo, vou lhe mostrar que seu significado não é necessariamente o que pensamos ser.

Mais uma vez, devemos nos lembrar que quando começamos a estudar o que a Bíblia de fato afirma sobre o amor de Deus, descobrimos que esse amor *não é incondicional. Aprendemos que Deus ama aqueles que o temem. Deus ama aqueles que guardam seus mandamentos* (veja, por exemplo, Jo 15.10). Nas afirmações que conhecemos, há muitas, muitas condições vinculadas ao amor de Deus. Mas como já observei, essas afirmações são todas dirigidas ao povo de Deus. Tanto judeus quanto cristãos falam uns aos outros a respeito do amor de Deus. Devemos começar a refletir sobre a Bíblia sob uma nova perspectiva. É lamentável que um bispo francês tenha dividido a palavra de Deus em capítulos, e um bispo irlandês tenha dividido os capítulos em versículos, e assim nos tornamos "pessoas textuais". Originalmente, a palavra "texto" significava "tudo que há em um livro, exceto o sumário e os apêndices". "Texto" se referia ao livro como um todo. Foi somente nos círculos cristãos que essa palavra passou a significar uma frase de um livro, e isso permitiu que ela fosse citada isoladamente. Assim podemos removê-la de seu contexto e usá-la da forma como desejamos. Que bom se pudéssemos nos livrar de todos os números de capítulos e versículos.

Essa divisão foi feita para nossa conveniência. Entretanto, deixamos de examinar as Escrituras. Apenas procuramos e consultamos o texto. É fácil demonstrar o dano causado por essa divisão. Basta perguntar a qualquer grupo de cristãos: "Quantos de vocês são capazes de recitar João 3.16?". É muito provável que quase todos os presentes afirmem saber o versículo de memória. Em seguida: "Quantos de vocês são capazes de recitar João 3.15?". Talvez uma ou duas pessoas levantem as mãos. Pergunte então: "E João 3.17?". Alguns outros, talvez. Entende o que quero dizer?

Vou lhe mostrar claramente que não é possível entender João 3.16 sem o seu contexto imediato, os versículos que o sucedem e o antecedem e que lhe dão sentido. Sem esses versículos, você não entenderá João 3.16. No entanto, nos acostumamos a aceitar versículos isolados. Como sabemos, o Novo Testamento foi originalmente escrito em grego. E aqui está uma interessante informação adicional: o fragmento de papiro mais antigo de um evangelho canônico com escrita nos dois lados (códice) encontra-se na biblioteca John Rylands, em Manchester, Inglaterra. Antes que os livros existissem, toda a escrita era feita em longos rolos, o que tornava bastante difícil carregá-los no bolso! Alguém "inventou" o livro cortando o pergaminho em pequenos quadrados, costurando-os de um dos lados e escrevendo na frente e no verso. Essa primeira página, do primeiro livro da história, é uma página do Evangelho de João. É provável, portanto, que o formato de "livro" tenha sido inventado a fim de que a palavra de Deus pudesse ser transportada de forma mais conveniente! Bem, a língua grega é, de certo modo, mais precisa do que outras línguas. Por comparação, tendemos a ser bem mais livres ou informais com nossa língua. Será necessário fazer algumas referências ao grego aqui, simplesmente porque a nossa língua nem sempre expressa o sentido claro do grego. Essas referências envolvem tanto questões de vocabulário como gramaticais. Quero ressaltar que o meu intuito não é tornar o tema mais complicado do que realmente é. Longe disso. Como sempre, se em algum momento você questionar: "Será que ele está realmente correto a esse respeito?" – procure alguém que tenha conhecimento da língua grega (quem sabe o seu pastor) e verifique o que eu disse.

Analisar o vocabulário e a gramática da língua grega pode parecer algo bastante pedante. Mas você é um adulto pensante, que deseja amar Deus com toda a sua mente e estar convicto do que crê.

Finalmente, voltando-nos para João 3.16, uma das primeiras coisas a fazer é observar as palavras usadas, para nos certificarmos de que entendemos o que elas *significam* – isto é, qual era o seu significado *original* quando foram escritas; não apenas o que elas significam para você ou para mim, mas o que significaram para quem as redigiu e para os que as leram pela primeira vez. Vamos, portanto, examinar as principais palavras usadas em João 3.16.

"DEUS"
Quem se destaca como o principal assunto do versículo é "Deus". Creio que a maioria de nós não precisa aprender o significado dessa palavra. Ela se refere ao Deus da Bíblia, o Deus que criou o mundo, o Deus de quem viemos, o Deus e Juiz diante de quem nos apresentaremos, o Deus de Israel, o Deus e o Pai de nosso Senhor Jesus Cristo. É desse Deus que estamos falando. Não é nenhum outro deus. Não é "Alá", por exemplo. Estamos falando sobre o "Deus" da Bíblia, o "Deus" cristão. E aqui não nos referimos à Trindade. Não estamos falando do Pai, do Filho e do Espírito Santo, porque o versículo vai referir-se ao Filho separadamente. Deus amou e deu seu Filho unigênito. Aqui, portanto, "Deus" claramente significa Deus, o Pai.

Isso é praticamente tudo o que precisamos dizer sobre essa referência a ele. É no Evangelho de João que Jesus também é chamado abertamente de "Deus". O evangelho começa com a afirmação: "No princípio era aquele que é a Palavra. Ele estava com Deus, e era Deus" e termina com as palavras de Tomé: "Senhor meu e Deus meu". Nenhum dos outros Evangelhos aplica a palavra "Deus" a Jesus dessa forma, somente João. Aqui em João 3.16, contudo, ele não está se referindo a Jesus, mas está falando do Pai. "Porque *Deus* tanto amou o mundo" é uma referência a Deus, o Pai, que entregou seu Filho.

"AMOU"

Temos em seguida uma palavra que deve ser analisada com mais profundidade: "amou". Talvez você saiba que a língua grega tem mais de um termo para expressar a palavra "amor", por isso, sempre que nos deparamos com ela na Bíblia, precisamos fazer uma pausa. Devemos sempre indagar a que tipo de amor o texto se refere, pois a palavra que usamos para "amor" abrange o que sentimos por uma pessoa, um animal de estimação e até um objeto. Apresento, portanto, sua primeira aula de grego. Vou destacar três palavras para "amor" na língua grega, mas há uma quarta palavra que tem uma categoria própria.

A primeira palavra grega traduzida como "amor" é *epithumia*. É o tipo mais inferior de amor. Um termo equivalente seria "lascívia", a promiscuidade simplesmente. No Novo Testamento, aprendemos que esse é um "amor" que devemos evitar a todo custo, é claro. Ele é puramente carnal. É imundo. Não é algo que Deus possa redimir. Deve ser rejeitado. Portanto, embora seja um dos sentidos expressos em nossa língua pela palavra "amor", nós o deixamos totalmente de lado.

Devemos nos concentrar nas outras três palavras

gregas usadas comumente para expressar "amor", e vou lhe apresentar suas definições para que você tenha plena compreensão de seu sentido. A primeira delas é *eros*. A propósito, talvez você tenha se lembrado da estátua que leva o mesmo nome e fica em Picadilly Circus, região central de Londres. Errou! Essa escultura é popularmente chamada de "Eros" porque todos acreditam tratar-se da figura do cupido, munido de arco e flecha, pronto para acertar o coração de alguém. Mas não é. A estátua deveria chamar-se *Ágape* (que explicarei logo mais), pois representa o anjo de misericórdia, não o cupido. Trata-se na verdade de um memorial a Anthony Ashley Cooper, posteriormente conhecido como Lord Shaftesbury, homem que dedicou sua vida à melhoria das condições de trabalho dos pobres na Inglaterra, e por esse motivo ele é lembrado. Caso você vá a Picadilly Circus, leia a inscrição na estátua antes de chamá-la de Eros. "Eros" é, basicamente, o amor da "atração". Trata-se basicamente de uma referência à atração sexual, sua forma mais comum na maioria das vezes. Mais de 75% de todas as canções já compostas falam de *eros* – a atração entre homem e mulher. É compreensível, pois se trata de um dos grandes fatos da vida e não há nada de errado com isso. A atração mútua entre homem e mulher é algo criado por Deus. "Eros", portanto, é, primeiramente, um amor do coração. Acima de tudo, é um amor involuntário, impossível de evitar, algo que não se pode ligar e desligar. Você passa a sentir e deixa de senti-lo. Não está sob seu controle. Os olhos se cruzam em uma sala lotada, e *eros* acontece. É uma reação química. Uma atração mútua. Esse é *eros*.

Deus não "eros" o mundo. Ele não está particularmente atraído a nós. Não se "apaixonou" por nós. Mas visto que a palavra "amor" é mais frequentemente usada como *eros*, então é inapropriado que tenhamos em mente esse pensamento quando lemos João 3.16. Trata-se, de certo modo, de um amor egoísta também, pois deseja algo de outra pessoa. Você sente atração pelo outro. Quer a sua atenção. Quer ter um relacionamento. Quer obter algo da pessoa por quem sente atração, a fim de que se torne um sentimento mútuo.

A segunda palavra é *philia*. Dela obtemos palavras como "filadélfia", que significa amor fraterno. Esse é o amor da "afeição". É mais um amor da mente do que do coração. É encontrar interesses em comum. É, basicamente, a nossa palavra "gostar".

Portanto, temos *epithumia*, que é nossa palavra "lascívia"; *eros*, que representa o uso mais comum da nossa palavra "amor"; e *phileo*, que é "gostar", o amor da afeição: "Eu gosto dele"; "Eu gosto dela"; "Nós nos damos bem"; "Temos muito em comum". É um amor menos egoísta do que *eros*, porque deseja dar além de receber. É uma via de mão dupla. No entanto, trata-se mais de um amor da mente; é possível que vocês tenham interesses em comum; um é atraído ao outro em afeição.

Chegamos então à última das principais palavras gregas traduzidas como "amor": *ágape*. Esse é o amor da "ação". Em outras palavras, *eros* está centrado no *coração*, *phileo* na *mente*, mas *ágape* está centrado na *vontade*. A palavra que mais se aproxima dela em nossa língua é "cuidado". Cuidar de alguém significa lhe oferecer duas coisas: *consideração* e *ação*. É ter um *gesto de amor em favor do outro*. Basicamente, é uma resposta à necessidade de alguém. Não se trata de uma reação à atratividade, tampouco uma resposta a algo que seja do seu interesse. Agir no amor *ágape* é reagir à necessidade de alguém, prestar atenção a essa necessidade e, então, fazer algo a respeito voluntariamente.

Entre esses três tipos de amor, há certa sobreposição, mas descrevo aqui o foco, o ponto central de cada um. Um deles concentra-se no coração, o outro na mente e o outro na vontade. Existe alguma emoção associada à *ágape* (geralmente motivada por sentimentos de piedade e compaixão, e para isso há outras palavras na língua grega), mas a parte essencial está na vontade, à medida que se dedica atenção a alguém necessitado e toma-se uma atitude a respeito. Por isso, a pessoa que procurou Jesus e lhe perguntou sobre o amor ao próximo ouviu a parábola do bom samaritano. Um homem havia sido agredido por assaltantes e estava ferido, caído à beira da estrada; duas pessoas certamente o viram e talvez tenham sentido por ele compaixão, mas nada fizeram a respeito, apenas passaram para o outro lado da estrada. Veio, porém, o samaritano e viu que o homem que sangrava era um judeu, seu inimigo, mas voltou sua atenção para o homem ferido e fez algo por ele. É disso que se trata o amor *ágape*. Não é se apaixonar ou sentir afeto por alguém. É prestar atenção à sua condição e, caso esteja necessitado, fazer algo a respeito. Não é uma bela palavra?

Por estar centrado na vontade, a prática do amor *ágape* pode ser ordenada. Não se pode exigir o amor *eros*. Não se pode colocar um jovem e uma jovem em uma sala e dizer a ambos: "Amarás um ao outro". Eles podem ou não se apaixonar. Não se pode sequer exigir que eles sintam amor *phileo* um pelo outro. É possível que não tenham nada em comum. No entanto, pode-se exigir que eles sintam o amor *ágape* um pelo outro. Vamos aplicar essa reflexão ao casamento. Quando vamos a uma cerimônia cristã de casamento, 1Coríntios 13 é leitura garantida: "O amor é paciente, o amor é bondoso", e todo o restante. E a palavra aqui *é ágape*. Um matrimônio cristão é centrado em *ágape*.

O ministro que conduz a cerimônia de casamento não pergunta: "Você gosta dessa pessoa...?". Também não diz: "Você está apaixonado por essa pessoa?". Ele pergunta: "Você vai amá-la, consolá-la, honrá-la e guardá-la na saúde e na doença..." e a resposta é "Sim", e não "Acho que sim". "Não importa o que aconteça, eu vou *ágape* essa pessoa". Um ponto, no entanto, precisa ficar claro – pois conheço muitas histórias tristes sobre isso – um bom casamento precisa de mais do que *ágape*. O casamento precisa de *eros*. Eu não celebraria um casamento de um casal que não sentisse atração mútua. Isso é fatal. O casamento também não pode depender unicamente do amor *phileo*. Mas uma coisa eu lhe digo: um casamento baseado apenas em *eros* não dura muito tempo. O casal perde a paixão tão rapidamente como se apaixonou. Um casamento que tem *phileo*, afeição, também pode resistir por mais tempo, mas para durar toda uma vida, um casamento precisará de *ágape* – uma vontade que considera o outro e age em seu favor.

Já falei o bastante sobre essas palavras? "Porque Deus tanto *ágape* o mundo...". Isso não significa que ele *gostava* do mundo. Não significa que ele estava *atraído* pelo mundo. Não significa que você seja atraente para ele. Significa que ele *presta atenção e age* quando vê uma necessidade.

Portanto, o que pensará um incrédulo ao ouvir "Deus ama você"? Será: "Ah, eu devo ser uma pessoa adorável. Deus deve gostar de mim. Ele deve sentir-se atraído por mim. Deve estar apaixonado por mim". Nada disso se aplica aqui. No entanto, se levarmos em consideração que o mundo conhece muito pouco de *ágape*, sabe um pouco mais de *fileo* e está cheio de *eros*, a simples afirmação "Deus ama você" será mal interpretada. É provável que isso aconteça, pois a menos que tenhamos experimentado o perdão de Deus, não conseguimos entender o verdadeiro significado de *ágape*.[2]

Essa é a palavra usada em João 3.16. Portanto, não se trata primeiramente da atração nem da afeição de Deus por nós, mas do fato de que Deus viu a nossa necessidade e agiu em

---

[2] O termo *ágape* era pouco usado no Mundo Grego antigo até que os cristãos o associaram a um entendimento baseado na revelação de Deus em Jesus, para o qual ainda não havia uma palavra.

nosso favor. "Deus tinha tanto amor *ágape*... que deu...". Aí está a ação. Foi o que ele fez voluntariamente quando viu a nossa necessidade.

"MUNDO"

Vamos analisar agora a palavra "mundo". "Deus tanto amou o mundo." Deus, o Pai, demonstrou amor *ágape* pelo mundo; prestou atenção à nossa necessidade e fez algo a respeito. Agiu em favor do *mundo*. Mais uma vez, precisamos examinar o sentido dessa palavra na Bíblia. Não se trata de um termo geográfico. Não é uma referência ao nosso mundo no sentido de planeta ou globo terrestre. "Mundo" na Bíblia é sempre uma palavra com conotação humana, não geográfica. É uma referência à raça humana, à sociedade humana. "Deus teve tanto amor *ágap*e pela sociedade humana que...". Devo dizer, contudo, que essa palavra, além de carregar uma conotação de abarcamento, que abrange toda a raça humana, tem também uma conotação *negativa*. Na Bíblia, a palavra "mundo" denota uma imagem bastante ruim. É um mundo pecaminoso. Um mundo caído. Um mundo rebelde.

João, o apóstolo, também escreveu cartas, e quero que você se lembre de uma de suas afirmações em sua primeira carta. "Não amem o mundo. Se alguém amar o mundo, o amor do Pai não está nele" (1Jo 2.15). Precisamos, de alguma forma, inserir essa afirmação em João 3.16. À primeira vista, parece haver uma clara contradição: Deus amou o mundo, e nós não devemos fazê-lo. Não há problema se Deus amar o mundo, mas nós não podemos! Aparentemente, se qualquer cristão ou crente amar o mundo, o amor do Pai não está nele. Que afirmação extraordinária! E a palavra usada é "ágape" também nesse versículo. Portanto, se Deus tem amor *ágape* pelo mundo, tudo bem, mas não está tudo bem se nós tivermos o amor *ágape* pelo mundo. Não devemos ser imitadores de Deus nesse aspecto. Voltarei a esse tema adiante, mas no momento, gostaria de frisar que a palavra "mundo" é uma palavra negativa, cujo significado é uma sociedade pecaminosa, caída e rebelde. Não é um termo neutro. Significa que Deus sentiu amor *ágape* por um mundo rebelde, que não o amou e não quis amá-lo.

Deus tem um grande problema. Costumo dizer que a Bíblia não fala sobre os *nossos* problemas e as respostas de Deus a eles. Ela fala da resposta de Deus ao *seu próprio* problema; e seu problema são seus filhos rebeldes. Um problema bastante comum em nossa sociedade! A Bíblia é a solução de Deus para o problema de Deus. O que você faz com filhos rebeldes? E "mundo" significa toda uma família de filhos rebeldes. Portanto, não significa apenas que Deus ama esse mundo lindo e humano, mas que ama esse mundo rebelde e odioso, e faz algo a respeito.

"UNIGÊNITO"

"Que deu seu Filho Unigênito". Vamos analisar a palavra *unigênito*, cujo significado é "o único gerado". Algumas traduções modernas deixaram de lado essa palavra, pois muitos não a compreendem e presumem equivocadamente que o Filho de Deus não é eterno, mas teve uma origem, foi um dia gerado, como se tivesse havido um tempo em que apenas Deus, o Pai, existia e então ele "gerou" seu único filho. Trata-se de uma heresia. Por muitos anos, a Igreja lutou contra a ideia de que o Filho de Deus não era eterno como seu Pai, que passou a existir em algum momento do tempo ou da eternidade, antes do qual não existia. As Testemunhas de Jeová ensinam isso. Nos primórdios da Igreja, certo homem chamado Ário ensinava essa heresia, e seus pontos de vista tornaram-se bastante populares. Um jovem chamado Anastácio foi praticamente o único a levantar-se em oposição, afirmando que Jesus era o *eterno* Filho de Deus. A palavra "unigênito" [ou único gerado], por assim dizer, contradiz ou pelo menos contrasta com "adotado". Há famílias cujos filhos são todos adotados, e outras que têm filhos adotados e gerados naturalmente. A família de Deus é muito grande, e nela, praticamente, todos são adotados. Não foram gerados por Deus no sentido de terem em si a natureza divina, mas foram trazidos à família de Deus de outra forma. Creio que, em nossa língua, o mais próximo que podemos chegar disso é afirmar que Jesus foi o *único Filho natural* de Deus. Isso expressa o sentido da palavra "unigênito". Não significa que ele teve uma origem, mas que foi o único a partilhar totalmente da natureza de seu Pai. Por sua própria natureza, ele era Deus como seu Pai. A Nova Tradução na Linguagem de Hoje fala do *único* Filho de Deus, que é uma outra maneira de expressar a ideia. Mas o que estou tentando explicar é que isso não significa que Jesus foi um dia gerado, mas que ele foi o *único* gerado, o único a partilhar da verdadeira natureza do Pai, e espero que isso traga luz sobre um assunto que normalmente gera interpretações equivocadas.

Quando leio que "Deus tanto amou o mundo que deu seu único filho natural", não posso deixar de pensar sobre Abraão e Isaque. Isaque era o único filho "natural" de Abraão na época – Ismael era ilegítimo – e ele se dispôs a oferecê-lo.

"DEU"
A palavra "deu", no versículo 16, é ambígua. Se levarmos em consideração o versículo isoladamente, qual é seu significado? Como ele o *deu*? A quem ele o deu? Por que ele o deu? O texto simplesmente afirma que ele *deu*. Sabemos o que isso significa porque conhecemos o restante da história, mas aqui, por exemplo, não sabemos se a frase refere-se a entregar seu filho para *nascer* ou para *morrer*. Veremos adiante que, sem dúvida, o significado é entregá-lo para morrer. De certo modo, no entanto, o Pai nos deu o Filho

quando ele nasceu como um de nós e tornou-se um homem. Portanto, destaco que a palavra "deu" tem um profundo significado para nós, cristãos, porém, isoladamente, seu verdadeiro significado precisaria ser explicado a um incrédulo. Ele simplesmente o deu a outra pessoa? Ou a outro pai? O que isso significa? Estou apenas demonstrando que esse versículo precisa de outros versículos para que possa ser compreendido.

"TODO O QUE"

A expressão "todo o que" é a tradução, a meu ver, lamentável, de uma palavra grega que significa *todos*. Não significa qualquer pessoa, mas todos os que creem. É uma palavra inclusiva. Um convite abrangente. Não é *para* **qualquer um**, mas *para* **todos** os *que crerem nele*. Há uma diferença. "Todo o que" parece indicar um indivíduo aqui e outro ali, uma parte somente. Mas a expressão significa, na verdade, todos *que nele crerem...*, todas as partes. Há um sentido de abrangência que parece não estar traduzido em nosso idioma.

"CRER"

Vamos analisar agora a palavra *crer*. É sempre importante observar a que ela se refere. Aqui, o objeto do verbo crer é "nele". Há uma imensa diferença entre crer *que* x crer *em*. Muitas vezes, pergunto à congregação: "Quantos de vocês creem em mim?". Alguns poucos corajosos levantam sua mão. Então, eu continuo: "Quantos de vocês creem que eu existo?". Todos respondem, indicando que sim. O apelo feito com as palavras certas tem uma resposta melhor! Crer *que* x crer *em* são ideias totalmente distintas. Indaguei em certa igreja: "Quantos de vocês creem em mim?" – cinco pessoas ergueram as mãos. Dirigi-me, então, a uma delas: "Obrigado por afirmar que acredita em mim, mas não sei se você crê de fato. Você está dizendo que sim. Declarou que acredita em mim, mas não sei se isso é verdade. Você entregaria seu dinheiro aos meus cuidados? Assim eu saberia se realmente acredita em mim, não é?". Todos ficaram em completo silêncio. Paralisados! Mais tarde, perguntei ao pastor: "Aquele momento foi estranho. O que aconteceu?". Ele me contou que a pessoa a quem eu havia me dirigido era a mulher mais rica da cidade! Após a morte de seu marido, ela herdara muitos imóveis no centro da cidade. Lendo nas entrelinhas, conclui que ela havia financiado a nova igreja em que estávamos reunidos.

O versículo não afirma "todo aquele que crer *que* Jesus morreu por seus pecados...". Isso não é crer *em*. Crer que Cristo morreu por nossos pecados *não é* fé salvadora. Fé salvadora é crer *no* Cristo que morreu por seus pecados. Percebe a diferença? Não basta crer que Deus tanto amou o mundo que deu seu Filho unigênito. É possível crer na primeira parte do versículo, crer que é tudo verdade. Mas isso de nada adianta até que creiamos *na pessoa* que ele deu. É um ponto muito importante. Não há salvação em aceitar que Cristo morreu por nossos pecados. A salvação está em crer no Cristo que morreu por nossos pecados. E crer *em* alguém significa duas coisas: que você *confia* nele e que está disposto *a ser obediente*. Crer em alguém implica confiança e obediência. Portanto, não adianta simplesmente aceitar um credo cristão. Não adianta simplesmente aceitar que Cristo morreu por nossos pecados. O importante é confiar no Cristo que morreu por nossos pecados e lhe obedecer em tudo. Vemos, portanto, a grande importância da preposição *em*.

"PEREÇA"

Passemos agora à palavra *pereça*. Ela dá a impressão de ser uma palavra fraca, que não tem muita força. Para mim, a palavra "perecer" remete a uma botija de água quente que está vazando ou ao pneu de um carro que começa a se desgastar nas bordas, denotando um lento processo de desintegração. É essa a ideia que a palavra "perecer" lhe traz à mente, apenas algo que está se desgastando? Na realidade, pelo contrário, trata-se de uma palavra muito forte. É muitas vezes traduzida por "destruído". E significa "destruído em um ato de destruição". Significa *estar arruinado*. Indica algo que passa a ser considerado inútil para o propósito para o qual foi criado. Quando certa mulher veio até Jesus e derramou sobre ele o perfume precioso, Judas Iscariotes usou uma expressão que significava: "Isso está perdido; jamais poderá ser usado novamente; nunca conseguiremos vendê-lo; acabou. Foi desperdiçado".

"Perecer" significa estar perdido e arruinado, tornar-se uma ruína. Mais do que isso, o verbo significa ser arruinado ou destruído *por alguém*. O verbo, na verdade, está na voz média da língua grega, não significa *que não pereça*, mas *sim que jamais seja destruído*. É a mesma palavra usada em Mateus 10.28, quando Jesus afirma: "Não tenham medo dos que matam o corpo, mas não podem matar a alma. Antes, tenham medo daquele que pode destruir tanto a alma como o corpo no inferno". Aí está a palavra novamente. É poderosa a ideia de que Deus arruína alguém de modo a torná-lo completamente inútil. É uma palavra terrível. Mais uma vez, não se trata de algo que "perece" no sentido de ser desgastado. "Perecer" significa estar arruinado, completamente destruído, tornado inútil para o propósito para o qual foi criado. Não significa deixar de existir. Significa existir em uma condição de ruína ou completa inutilidade. Digo isso porque, segundo um novo ensinamento entre os evangélicos, o inferno é o lugar onde você deixa de existir. O nome disso é "aniquilação". Já ouviu isso por aí? Se ficar no inferno é deixar de existir, que boa notícia ao pecador! Ir dormir para nunca mais acordar, depois de uma vida de pecado, imoralidade e crime, não é punição de forma alguma, concorda? É apenas esquecimento, e os que defendem essa ideia a fundamentam na palavra "destruir". No entanto, para entender o que ela significa, pense nas ruínas de um castelo antigo. Essa é a melhor ilustração para o que o termo expressa. Se você for a um castelo em ruínas, ele ainda está lá. Você pode vê-lo. No entanto, ele é totalmente inútil para o propósito para o qual foi construído. A palavra não significa estar aniquilado, mas sim considerado completamente inútil. E o inferno estará cheio de pessoas que Deus destruiu, ou seja, que se *tornaram completamente inúteis*.[3]

"VIDA"

A palavra *vida* se destaca, e, obviamente, trata-se do oposto da morte. É o contrário de "perecer". Seu significado é vida totalmente útil; vida que cumprirá o propósito para o qual foi criada; vida que será totalmente satisfatória. Seu contraste, portanto, é com *perecer* – que não significa deixar de existir, mas passar a ser completamente inútil. Você pode ser totalmente útil. Isso é satisfatório.

"ETERNA"

Os acadêmicos debatem o significado da palavra "eterna" usada aqui. Alguns acreditam que o termo se refere à *quantidade*, e outros acreditam que seja uma referência à *qualidade*. Quando pensamos em quantidade, a ideia é *perpetuidade* – uma vida que durará para todo o sempre. Outros, contudo, afirmam que vida eterna significa vida de boa qualidade; a vida que vale a pena ser vivida. Todo o debate sobre a eutanásia gira em torno da vida que vale a pena ser vivida. Então, *vida eterna* também significa vida "que vale a pena viver"? Creio que a resposta envolve *tanto* quantidade *como* qualidade de vida. *Eterna* significa tanto perpétua quanto abundante. A palavra abrange tudo isso.

---

[3] Consulte meu livro *The Road to Hell* [A estrada para o inferno].

É vida que durará para sempre. (Mas, francamente, para algumas pessoas, viver eternamente seria um inferno.) Vida "eterna" significa vida de tanta qualidade que cada momento vale a pena.

* * * *

Analisamos o significado de algumas das palavras de João 3.16 e agora vamos falar sobre sua estrutura gramatical. É aqui que entraremos nos verdadeiros detalhes e onde faremos descobertas surpreendentes. Gramática não era uma matéria que eu apreciava estudar, mas hoje reconheço seu valor, pois ela nos ajuda a entender como as palavras são reunidas: que palavras têm maior ênfase; o que a frase expressa; qual é a oração principal e qual é a subordinada. A gramática nos ajuda a separar uma frase em segmentos e observar como ela é organizada. Isso é muito importante.

O aspecto gramatical que destaco como crucial para a compreensão desse versículo são as *formas verbais*. Elas são muito importantes. Por exemplo, costumamos trabalhar com três tempos verbais simples: passado, presente e futuro. *Conversei* com minha mulher antes de começar a escrever hoje; *estou* escrevendo agora; e provavelmente *conversarei* com ela novamente quando tiver terminado de escrever. Acabei de usar os tempos passado, presente e futuro e você entendeu exatamente o que eu quis dizer: o pretérito para algo que *fiz* no passado; o presente para o que estou *fazendo* agora, e o futuro para o que provavelmente *farei*. A língua grega também apresenta os tempos no passado, presente e futuro, mas tem também distinções mais específicas entre eles. O aspecto que devo apresentar a você é este (e aqui tentarei ser o mais simples e direto possível): no grego, alguns verbos no "passado" referem-se a um acontecimento único, enquanto outros referem-se a algo que aconteceu repetidamente, de forma contínua. No grego, a forma verbal é importante e serve para fazer essa distinção.

No português, usamos o pretérito perfeito para indicar uma ação concluída, ocorrida no passado. Por exemplo, se eu disser que a nova embarcação QM2 "partiu" do porto de Santos, estou dizendo que ela partiu uma única vez. Se quisesse dizer que a embarcação fez isso regularmente, usaria o pretérito imperfeito: a nova embarcação QM2 "partia" do porto, sugerindo que Santos era seu porto-base e que a ação, ocorrida no passado, não foi completamente concluída, expressando assim uma ideia de continuidade.

Ou se eu disser: "Comi cereais no café da manhã", estou afirmando que fiz isso apenas uma vez. Se fiz isso regularmente, teria de dizer: "Comia cereais no café da manhã". Na língua grega é possível saber imediatamente, em cada um desses exemplos, qual deles significa uma ação concluída (única vez) ou uma ação contínua (muitas vezes). Quando os gregos se referiam a algo no passado usavam uma forma verbal que indicava se o fato havia ocorrido apenas uma vez. Portanto, que forma verbal você acha que é usada em "crucificado"? Cristo foi crucificado, o que indica somente uma vez, pois o fato aconteceu uma única vez. A forma verbal que expressa essa ideia chama-se *aoristo*, e quando você se deparar com ela deve saber que a ação ocorreu apenas uma vez.

A outra forma verbal da língua grega que gostaria de destacar é *o presente contínuo*. Ele indica algo que você já está fazendo e que seguirá fazendo continuamente. Isso traz luz a muitos textos bíblicos. Por exemplo, Jesus não afirmou: "Peçam, e lhes será dado; busquem, e encontrarão; batam, e a porta lhes será aberta". Os verbos dessa passagem estão todos no presente contínuo, e precisaríamos acrescentar o verbo "continuar" para expressar seu sentido. Jesus disse: "Continue pedindo e você receberá. Continue buscando e você encontrará. Continue batendo e a porta se abrirá". Não faça apenas uma vez, mas continue fazendo. No final do Evangelho de João, Jesus aparece a Maria no jardim da entrada do sepulcro, após sua ressurreição. O texto em português diz: "Jesus disse: 'Não me segure'". Na verdade, *contudo*, a palavra "segurar" está no presente contínuo, portanto as palavras de Jesus foram: "Não continue me segurando". Sobre a afirmação de Jesus "Não me segure" ou "Não me detenhas" (ARA), alguns pregadores afirmam que o corpo ressurreto de Jesus não era tangível, por isso ele proibiu Maria de tocá-lo. Na verdade, Jesus estava dizendo: "Não me impeça porque eu vou para o meu Pai".

Agora vamos começar a analisar os verbos usados em João 3.16. Em primeiro lugar, adivinhe em que forma verbal está a palavra *deu*. A resposta é: aoristo. Deus *deu* seu Filho apenas uma vez, em uma única ocasião. E que ocasião importante foi essa. Quero apenas destacar que o versículo não afirma: "Deus continua dando seu Filho...". Ele deu seu Filho *uma única vez*. A palavra "pereça" também está na mesma forma verbal "aoristo". Aconteceu somente uma vez. Uma pessoa é destruída uma única vez e é algo permanente; ela perece uma única vez.

A propósito, isso significa que João 3.16 está falando sobre a destruição das pessoas por Deus e, à luz dessa afirmação, devemos entender as palavras "amou o mundo". O Deus que amou as pessoas é o mesmo Deus que as destrói e as faz perecer.

Portanto, há dois verbos na forma verbal "aoristo" que muitos interpretam como se fossem uma ação repetitiva, habitual ou contínua, mas Deus não *continua* dando [o seu Filho] e não *continua* fazendo perecer [não pereça], ele faz isso apenas uma vez.

Agora, porém, vamos analisar dois verbos que expressam ações contínuas. O primeiro, e um dos mais importantes, é "crer". O versículo não diz *todo aquele que creu uma vez, mas todo aquele que continua crendo...* e esse é um traço característico do Evangelho de João. Quando usa a palavra *crer*, João a coloca na forma contínua, habitual, como algo que se *continua* a fazer. Uma pessoa não é salva por dar um único passo de fé. *Continuar crendo é o que a salva.* A fé é algo contínuo, por isso você não pode afirmar: "Bem, eu cri, portanto, estou salvo". Não. Você precisa *continuar* crendo. "Todo aquele que continua crendo nele...". Fé é um relacionamento contínuo de confiança e obediência. Se você deixar de crer, deixará de ser crente e poderá cair na incredulidade. Paulo fala bastante sobre isso no capítulo 11 de Romanos. Ele afirma que alguns dos judeus [ramos] foram cortados e "se não permaneceres na bondade de Deus, também tu serás cortado". Não é a fé que você teve vinte anos atrás que o salvará, mas sim a fé que você terá até o final; o que salva não é a fé da largada, mas a fé com que se cruza a linha de chegada.

Esse ensino e essa percepção são fundamentais para compreendermos plenamente o significado de *crer* segundo a Bíblia. O verbo costuma aparecer na forma contínua: "todo aquele que continuar crendo nele". A Bíblia não afirma "todo aquele que creu" (no passado), mas sim "todo aquele que continuar crendo" (no presente), todo aquele que *crer*. Imagine que houve um acidente na estrada e agora há um corpo ao lado da motocicleta tombada. Você se aproxima do local e alguém lhe diz: "Ele respira...". Você deduz que ele está respirando *de forma contínua.* "Ele está respirando" equivale ao presente contínuo do grego. Se lhe dissessem: "Ele respirou", você deduziria que o homem respirou uma única vez, pela última vez, e está morto, pois deixou de respirar; mas se lhe dizem (presente): "Ele respira" (ele *está* respirando), então você sabe que é uma ação contínua.

Outra surpresa é o verbo "ter". "Para que todo o que

crer [que continuar crendo nele] tenha a vida eterna ou *continue tendo a vida eterna*". Isso muda um pouco o sentido do versículo para você? Muda para mim. Aqueles que *continuam* crendo são os que *continuam a ter a vida eterna*. Os que não *continuam* crendo não continuarão a ter vida. Voltarei ao tema mais adiante, mas trata-se de algo essencial para a compreensão de João 3.16. Aqueles que continuarem a crer continuarão a ter vida, portanto aqueles que não continuarem a crer perderão a vida. É um ponto muito importante. Desse modo, a vida eterna pode ser perdida. Como isso pode acontecer? Voltaremos a esse ponto.

Chegamos então a maior surpresa de todas, aquela que realmente mudará o sentido desse versículo para você. Adivinhe em que forma está o verbo "amar". Deus amou "*uma vez*, uma única ocasião", ou ama continuamente? A frase "Porque Deus tanto amou o mundo" está no grego aoristo. Se você conhece as formas verbais gregas poderá verificar o que digo. O aoristo significa que, em uma determinada ocasião, Deus *amou* o mundo. Muitas pessoas, contudo, quando leem João 3.16, mudam mentalmente o verbo "amou" para "ama". Imaginam um relacionamento constante e contínuo entre Deus e o mundo. Ouvi pregadores que chegam a citar o texto dessa forma: "Porque Deus tanto *ama* o mundo", como se o verbo estivesse no presente. Não está. O texto afirma que, em certa ocasião, uma vez na história, Deus demonstrou o amor *ágape* pelo mundo. Tenha em mente que *ágape* significa *agir para suprir uma necessidade*, assim você pode entender por que a palavra "amou" não está no presente. A maioria das pessoas, contudo, baseia-se em João 3.16 para declarar: "Veja, é uma prova bíblica que Deus ama todas as pessoas, todo o tempo". Mas o versículo não faz essa afirmação. O versículo diz que Deus, uma vez, em uma única ocasião, agiu em favor de nossa raça rebelde e pecadora – e que ele seja louvado por isso.

Percebe o que estou dizendo? Não podemos construir sobre esse versículo a ideia de que Deus ama todas as pessoas ou nos ama todo o tempo ou ainda usá-lo como base para "o amor incondicional de Deus". Isso não se encontra no texto.

Essa é, de fato, uma grande surpresa. Se não tomarmos cuidado, podemos inverter as formas verbais e ler *amou* com o sentido de "todo o tempo" *e crer* como se referisse a "uma única vez". As pregações sobre o versículo praticamente afirmam: "O amor de Deus está presente todo o tempo; tudo o que você precisa fazer é, em um certo momento, dar um simples passo de fé – e terá a vida eterna". No entanto, não é o que o texto afirma, de forma alguma. Isso é somente uma inversão das formas verbais. O texto afirma: "Deus amou [uma vez, no passado] para que todo o que crer [continuamente]... não pereça [uma vez], mas tenha [continuamente] a vida eterna". Essa é também a explicação para a aparente contradição em 1João 2.15, em que lemos: "Não amem o mundo. Se alguém amar o mundo, o amor do Pai não está nele". A palavra grega para "amar" nesse trecho é *ágape*, mas está no presente contínuo. É dirigida aos que continuam prestando atenção às necessidades do mundo e envolvendo-se nelas, portanto o contraste é entre João 3.16, em que Deus uma vez amou o mundo, e a carta de João, em que ele afirma: "Não [continuem] amando o mundo". Deus não [continuou] amando o mundo, ele o amou *uma vez* e fez tudo o que era necessário para suprir a necessidade do mundo. O amor de Deus, portanto, concentra-se em um único evento, e essa é a razão pela qual Paulo, em Romanos, escrevendo aos cristãos, diz: "Mas Deus demonstra seu amor por nós: Cristo morreu em nosso favor" (Rm 5.8).

O amor de Deus não é genérico e sem foco; não é vago nem desorganizado. O amor de Deus sempre tem um foco. Seu foco é a cruz de Jesus e sua atitude radical de perceber a nossa necessidade e de providenciar uma forma de supri-la.

3
O DEUS QUE MATA

Depois de termos dedicado tanta atenção a João 3.16, talvez você tenha a sensação de que já o estudamos o suficiente, mas isso não é verdade. Há muito mais a ser dito. Até agora negligenciamos as duas menores palavras do versículo, e elas se revelarão muito importantes. A primeira delas é *porque*. Já observou essa palavra? "**Porque** Deus tanto amou o mundo". Por que essa palavra está ali? Deve haver uma razão para isso.

Também veremos que a palavra mais importante (e mais mal interpretada) é *tanto*.

"PORQUE"
A primeira palavra a ser examinada é *porque*. Qual o motivo de ter sido usada ali? O que significa iniciar uma frase com "porque"? Talvez você nunca tenha feito essa pergunta. A maioria das pessoas sequer a percebe. A conjunção subordinativa "porque" geralmente cria uma ligação com a frase anterior. Ela indica que você vai expandir o tema, dar uma explicação, ou um passo adiante, o que significa que o versículo 16 não pode fazer sentido sem os versículos 15 e 14, que juntos formam uma única frase. O versículo 16 não começa apenas com "Deus tanto amou o mundo que deu", mas sim "Porque Deus tanto amou o mundo". Sendo assim, precisamos perguntar o que está sendo expandido ou esclarecido.

"TANTO"
Chegamos à palavra "tanto", a mais enganosa e mal compreendida no versículo, e que, para falar a verdade, as traduções da Bíblia colocam no lugar errado. No grego, ela

vem logo no início da frase, e, na língua grega, a primeira palavra em uma frase é a que está sendo enfatizada como a mais importante. Literalmente, o texto em grego diz: "Tanto Deus amou o mundo". Então, qual é o significado de *tanto*?

Lamentavelmente, os leitores costumam expandir o sentido da palavra, como se fosse um advérbio de intensidade com a função de modificar o verbo "amou". "Deus amou *tanto*, ou **de forma tão profunda**, que deu seu Filho Unigênito". Não é esse, de forma alguma, o significado dessa palavra no grego. Na verdade, em vez de um advérbio de intensidade, deveríamos ter uma locução conjuntiva. A palavra no grego significa "desse modo" ou "de tal maneira" ou "exatamente da mesma forma". *Ele o fez dessa maneira*. Consegue entender o seu sentido? Ele o fez dessa maneira. Foi assim que ele fez. Na verdade, o sentido literal da palavra é "dessa forma". "Porque dessa forma" [Deus amou o mundo] ou "Porque de tal maneira" [Deus amou o mundo]. Está começando a perceber? Temos a tendência de ler a palavra "tanto" colocando a ênfase na letra "a": Porque Deus *ta-a-anto* amou o mundo... O versículo não está dizendo que "Deus amou o mundo tão profundamente ou tão imensamente" que é a forma como a maioria das pessoas o entende, mas sim "Desse modo"; "De tal maneira" Deus amou o mundo.

Isso realmente muda tudo. Poderíamos traduzir essa palavra por "da mesma forma" ou "assim também", e se você observar a frase anterior, ela está lá: *"Da mesma forma* como Moisés levantou a serpente no deserto, *assim também* é necessário que o Filho do homem seja levantado". As expressões são: "Da mesma forma" e "Assim também". A mesma palavra da frase anterior, portanto, poderia estar presente no versículo 16: "Assim também, Deus amou o mundo".

Não é, de modo algum, um termo quantitativo, mas sim

comparativo: "Isso aconteceu e, da mesma forma, isso também aconteceu".

Tudo isso significa que as palavras "porque" e "tanto" [assim também] associam o versículo 16 a um fato ocorrido anteriormente. É por essa razão que afirmo não ser possível compreender o versículo 16 isoladamente. "Porque, da mesma forma..."; "Porque, assim também...". Podemos substituir a palavra "porque" por "na verdade". Trata-se de outro conectivo que indica que um tema será expandido ou explicado. "Na verdade, assim também Deus amou o mundo...". Assim como o quê? Assim como foi mencionado anteriormente. Trata-se, portanto, do caso clássico do texto que necessita de contexto. "Deus amou o mundo da mesma forma..." [assim como ele o fez anteriormente]. Em outras palavras, o versículo 16 fala que Deus demonstrou novamente seu amor. Quando ele o fez anteriormente? Concluímos que *porque* e *tanto* referem-se ao contexto, ao que foi dito anteriormente.

Antes de seguirmos adiante, gostaria de traduzir o versículo 16 à luz do que descobrimos até agora. Creio que seria algo assim:

Na verdade, exatamente da mesma forma como o fez anteriormente, Deus, o Pai, agiu em amor e, dessa vez, o fez por toda a raça humana rebelde, sacrificando seu único Filho natural para que todos os que perseverassem em confiança e obediência jamais fossem destruídos, sem possibilidade de recuperação, mas continuassem a ter vida eterna e abundante.

Trata-se mais de uma paráfrase do que uma tradução literal, mas expressa o que já vimos a respeito desse versículo.

Agora vamos extrapolar o versículo em si e explorar o seu contexto. Que ocasião anterior foi essa na qual Deus fez algo semelhante? É uma pergunta que deve ser feita, pois o versículo começa dizendo: "Na verdade, exatamente da mesma forma, Deus agiu em amor assim como fez em uma ocasião anterior" – os versículos 14 e 15 nos contam como Deus demonstrou, exatamente da mesma forma, seu amor em uma ocasião anterior. Os versículos 14 e 15, como já expliquei, são uma única frase; não deveriam ser divididos em dois versículos. Falam de algo que você pode ler de forma mais completa em Números 21.

Vamos imaginar a cena por alguns instantes. Seiscentos mil homens, sem contar mulheres e crianças, ou seja, pouco mais de dois milhões de pessoas estão presas em um deserto, sem comida ou água, e ali estão por sua própria culpa. São os filhos de Israel no deserto do Sinai. Eis o que aconteceu: eles se encontraram com Deus no monte Sinai; ali Deus conduziu uma cerimônia de casamento com eles; o povo disse "Sim", Deus disse "Sim", e Deus e Israel se casaram. Deus lhes deu seus mandamentos – o modelo de vida que desejava para eles – e então ordenou: "Agora vão e tomem a Terra Prometida que estou lhes oferecendo". Sabemos que do Sinai até a Terra Prometida é possível chegar em menos de dez dias. Sua viagem poderia ter durado duas semanas, mas quando chegaram em um lugar chamado Cades-Barneia, o povo sentiu medo. Disseram: "Antes de entrarmos, é melhor enviarmos espias para saber mais sobre essa Terra Prometida". Escolheram doze homens, um de cada tribo. Eles foram e voltaram trazendo as mais suculentas uvas. E disseram: "A terra é maravilhosa, de onde manam leite e mel, mas os muros da cidade são tão altos quanto o céu e os moradores muito maiores do que nós; são gigantes, jamais conseguiremos tomar a cidade. De jeito nenhum". Esse foi o relato de dez espias, dos doze que foram até lá. Dois deles, no entanto, insistiram: "Vamos entrar".

  Deus disse: "Vou fazê-los entrar, e os carregarei em meus ombros para que vocês sejam maiores do que os gigantes". Mesmo assim eles não acreditaram. É claro, eles ainda não haviam visto as muralhas de Jericó ruírem. Fizeram então uma votação e decidiram: "Ficaremos aqui, não vamos entrar". O resultado foi que, durante quarenta anos, toda uma geração de israelitas vagueou pelo deserto, e os únicos que entraram na Terra Prometida foram os dois espias que disseram "Vamos entrar".

E lá estavam eles, presos no deserto por quarenta anos, sem comida e sem água. Mas Deus decidiu ter misericórdia deles, e os alimentou todos os dias: vitaminas, minerais, carboidratos e proteínas suficientes, tudo isso armazenado em pequenas esferas de alimento que caíam do céu todas as manhãs sobre a areia do deserto. O dobro da quantidade caía às sextas-feiras, para que eles não precisassem sair no dia seguinte, que era *shabat*. (Isso prova que se tratava de um milagre, pois nenhuma explicação científica explica a dose dupla às sextas!). De qualquer forma, eles chamavam o alimento de *"O que é isto?"* – ou *manna*, em hebraico. Eles comiam "O que é isto?" no café da manhã, no almoço e no jantar. As crianças talvez perguntassem: "Vamos ter 'o que é isto?' no almoço, mamãe?". "Sim! E no jantar também!"

O alimento era suficiente para mantê-los fortes e saudáveis, mas eles começaram a se queixar. Estavam saturados desse "O que é isto?" e começaram a desejar a vida que tinham quando eram escravos no Egito, porque lá havia alho e ervas. Já haviam experimentado uma alimentação saborosa, e agora queixavam-se do que Deus estava lhes dando, embora esse alimento, além de mantê-los vivos, não seria necessário se eles tivessem entrado na Terra Prometida quando Deus ordenou. A culpa era toda deles, mas, Deus, em compaixão, os alimentava. E eles murmuravam. Foram até Moisés e disseram: "Estamos fartos dessa comida. Por que você nos trouxe do Egito? E pode dizer a Deus também que estamos cansados".

Deus irou-se com eles por causa do pecado da ingratidão. Ele lhes dava uma porção diária de maná e água da rocha. Embora estivessem ali por sua própria culpa, por sua persistente falta de fé, Deus ainda os mantinha vivos. Como eles continuavam murmurando, Deus enviou serpentes venenosas e muitos morreram. As serpentes eram tão venenosas e tão numerosas que os sobreviventes começaram a refletir: "Não parece um desastre natural", disseram, "Isso vem de Deus. Ele está nos matando por causa da nossa ingratidão" e se dirigiram a Moisés dizendo: "Moisés, pecamos e temos consciência disso. Pecamos contra ti e pecamos contra Deus. Peça a Deus que remova as serpentes".

O ponto importante da história é este: *Deus se recusou a remover as serpentes*. Ele disse: "Não, as serpentes vão permanecer e continuarão picando, e muitos continuarão morrendo. O que farei, no entanto, é lhes dar uma forma de escapar da morte. Não removerei as serpentes, mas quero que você, Moisés, faça o seguinte: faça uma serpente de bronze e prenda-a no alto de um mastro, um poste, e então coloque o poste no alto do monte mais próximo ao acampamento. Diga então ao povo: 'Aquele que for picado deve olhar para a serpente, e assim o veneno não será fatal'".

Esse é um ponto muito importante. Deus não removeu as serpentes. O povo ainda estava sob constante ameaça de morte, mas ele lhes ofereceu uma forma de escapar. O texto afirma que se aqueles picados pelas serpentes subissem a colina e olhassem para aquela cobra de metal, o veneno perderia seu poder de morte e eles seriam curados. Foi esse episódio na história de Israel que marcou a primeira vez em que Deus amou *(ágape)*. **E foi exatamente da mesma maneira que Deus amou o mundo rebelde e deu seu Filho.** É o próprio Jesus quem mostra o paralelo: "Da mesma forma como Moisés levantou a serpente no deserto, assim também é necessário que o Filho do homem seja levantado". O que deduzimos, portanto, dessa extraordinária associação entre João 3.16 e aquele evento sórdido da história de Israel? Bem, a primeira e mais importante lição que eu extrairia é esta: o Deus de Israel é o Deus e Pai de Jesus; o mesmo Deus, o Deus do Antigo Testamento é o Deus do Novo Testamento, e vice-versa. Friso esse ponto porque renasceu entre os evangélicos uma heresia que existe há mais de cem anos e leva o nome do primeiro homem que a ensinou. Seu nome era Marcião, e a heresia é chamada até hoje de marcionismo.

A heresia é bem simples: trata-se da alegação de que o Deus do Antigo Testamento e o Deus do Novo Testamento não são o mesmo e único Deus. Marcião pensava: "Não aprecio de forma alguma o Deus do Antigo Testamento; ele é um Deus severo; ele mata pessoas, eu creio no Deus do Novo Testamento, o amoroso Pai de Jesus" – e desde então, é comum que as pessoas façam duas imagens diferentes de Deus: uma no Antigo e outra no Novo Testamento. Você já viu isso? Provavelmente sim. Tornou-se comum hoje contrapor o Deus do Antigo Testamento, o Deus severo e destruidor, o tipo de Deus que ninguém aprecia, a esse Deus "legal" do Novo Testamento, que é bom, paciente e amoroso, como se fossem dois tipos diferentes de Deus.

Essa enorme ênfase no Deus amoroso está retornando com toda a força. A revelação de Deus no Antigo Testamento está sendo minimizada, e cito dois autores que têm sido ouvidos. Hoje, o autor das obras mais populares e amplamente difundidas no mundo cristão é Philip Yancey. Recentemente, fui convidado a apresentar seu último livro, mas depois de lê-lo, respondi que não poderia fazê-lo, pois ele citava, e aprovava, a afirmação de que Jesus veio nos mostrar o "amor materno" de Deus, que se contrapõe ao "amor paterno" de Deus no Antigo Testamento. A ideia está presente de uma forma bastante sutil, mas é a mesma: que o Deus do Antigo Testamento é, de certa forma, um tanto severo e disciplinador, enquanto o Deus do Novo Testamento assemelha-se mais à sua mãe. Trata-se de uma heresia. Contradiz João 3.16, porque está em desacordo com os versículos 14 e 15.

Uma grande controvérsia surgiu também a respeito de um livro de Steve Chalke, um dos comunicadores evangélicos de maior destaque no mundo atual. Os leitores consideraram ofensiva a sua afirmação a respeito da cruz (que a punição de Jesus por pecados que não havia cometido configura-se um caso de "abuso infantil cósmico"). Meu problema com o livro não se limita ao que ele afirma sobre a cruz, mas está também em sua ênfase excessiva no amor de Deus, que parece sugerir ao leitor que o Deus do Antigo Testamento é "culpado de limpeza étnica" por ter ordenado o extermínio dos cananeus, como se esse Deus fosse, de alguma forma, diferente do Deus do Novo Testamento sobre quem aprendemos por meio da pessoa de Jesus.

Porém aqui, no capítulo 3 de João, o Deus que matou os israelitas porque se queixavam do alimento é o Deus que amou o mundo e deu seu único Filho. O mesmo Deus! E seu ato de amor para com Israel foi não remover as serpentes, mas oferecer uma maneira de escapar; e assim também ele fez por nós ao entregar seu Filho. Seu Filho é nossa "serpente no poste".

Entende o que estou dizendo? Aqui no Evangelho de João, o Deus do Antigo Testamento, que leva pessoas à morte por sua ingratidão, é o mesmo Deus que entrega em nosso favor seu único Filho. Não há diferença entre o Deus do Antigo e o do Novo Testamento. Isso é muito importante. Mas quando você lê o versículo 16 isoladamente, ignorando os versículos 14 e 15, pode ser levado a pensar equivocadamente que não se trata do mesmo Deus, e que o Deus do Novo Testamento é muito mais bondoso e amoroso do que era até então, embora João esteja dizendo: "Da mesma forma"; "Assim também".

Exatamente assim. É o mesmo Deus que deu ao povo de

Israel um escape da morte. Assim como aconteceu a eles, nosso mundo está *sob a sentença* de morte, e Deus não a está removendo. *O que ele está fazendo é nos oferecer uma forma de escaparmos da morte.* O Deus sobre o qual lemos em João 3.16 é o mesmo Deus em 3.15 e 3.14, e também o mesmo Deus em Números 21. E o Deus que lidou com seu povo daquela forma lidará com seu povo hoje da mesma forma. Jamais haverá qualquer disparidade entre o Deus do Antigo e o do Novo Testamento.

Quando Deus praticou esse ato de amor para com os filhos de Israel, a despeito de sua rebeldia, de sua falta de fé e de sua ingratidão, demonstrando seu amor e lhes oferecendo uma saída, por que ele ordenou a Moisés que fizesse uma serpente de bronze e a prendesse a um poste? Parece algo estranho ou até irrelevante, mas quando refletimos a respeito, percebemos que Deus já sabia de seu segundo ato de amor. Ele já sabia que teria de colocar seu Filho no alto de um madeiro, e, naquele momento, deliberadamente, ofereceu a Moisés e aos filhos de Israel uma imagem desse ato futuro, a fim de que, quando se concretizasse, eles pudessem associar mentalmente os dois eventos, e isso os ajudaria a entender o que estava acontecendo.

É preciso ressaltar a importância do relato de Números 21 para nossa compreensão de João 3.16. Quando lemos João 3.16, devemos ter em mente esse evento anterior, quando Deus destruiu tantas pessoas de seu próprio povo por causa do pecado da ingratidão e não afastou a ameaça da morte, mas simplesmente – em amor – deu-lhes uma maneira de escapar. *É esse mesmo amor que é apresentado em João 3.16.* O versículo está dizendo: *De forma semelhante, esse mundo ingrato e rebelde está sob a sentença de morte da parte de Deus, mas Deus, uma única vez, agiu em amor e proveu um escape visando a vida eterna.*

Perceba, mais uma vez, que quando usamos o versículo

16 para fundamentar toda uma doutrina sobre o amor de Deus *por todas as pessoas* estamos ignorando tudo isso. Diante de Deus, todo o mundo permanece sob a sentença de morte. Quando lemos o primeiro capítulo de Romanos, um dos pecados que Paulo destaca – um dos piores pecados do mundo – é a ingratidão a Deus. Por esse pecado apenas, nosso mundo merece morrer. Não conhecer a Deus, não o glorificar, nem lhe render graças.

Lembro-me de ter conhecido um dos principais pilotos de uma grande companhia aérea que havia se convertido sinceramente a Cristo. Ao dar seu testemunho, ele dizia: "Eu tinha tudo. Tinha saúde, o melhor emprego que alguém pode desejar, uma bela casa e uma linda família, tinha tudo que um homem poderia almejar, exceto uma coisa". Ele costumava pausar, então continuava: "Eu não tinha ninguém a quem agradecer". Ninguém a quem agradecer. Creio que esse seja um retrato do mundo em que vivemos – Deus não é conhecido, não é glorificado; e os homens não lhe rendem graças. Queixam-se como loucos quando acontece um tsunami; culpam a Deus pelos problemas no mundo; e então, quando tudo está bem, agradecem? Não, eles o ignoram. Deus teria motivos para enviar serpentes venenosas a todos nós, também. Está percebendo o sentido desse versículo? O mesmo Deus que estava matando os israelitas com serpentes deu-lhes, em um ato de amor, uma saída. *Da mesma forma, Deus deu a este mundo uma saída quando, uma única vez, amou e entregou seu Filho. Esse não é um versículo que afirma que Deus ama a todos. É um versículo que fala da saída que Deus oferece.* Louve a Deus por isso!

4
UM MESTRE NO ESCURO

Lembre-se que Jesus está falando a Nicodemos, um estudioso do Antigo Testamento, dizendo-lhe que assim como Moisés levantou a serpente, ele próprio seria pregado em um madeiro, sobre um monte, para que todos o vissem. Nicodemos já era um homem de idade. Sabemos se ele viveu para presenciar esse fato? Sim, sabemos. Talvez você não tenha percebido, mas Nicodemos estava presente quando Jesus foi pregado à cruz e levantado da terra, atraindo todos a si, tal como a serpente de bronze havia sido presa ao poste e levantada à vista de todos. Ele ajudou José de Arimateia a remover o corpo de Jesus da cruz. O corpo de um criminoso crucificado costumava ser lançado para fora da "porta do esterco", no vale de Geena, ao sul de Jerusalém, juntamente com todo o lixo e esgoto, e o corpo de Jesus seria deixado ali, mas José de Arimateia se apresentou e disse: "Ele pode ocupar o meu túmulo". E Nicodemos afirmou: "Vou ajudar a sepultá-lo". Portanto, três anos depois de ouvir as palavras do Mestre, Nicodemos está removendo da cruz o corpo de Jesus e colocando-o no túmulo. Nicodemos e José sepultaram Jesus. Você tinha observado isso? Veja bem, Nicodemos tinha profundo conhecimento do Antigo Testamento. Conhecia essa história da serpente no deserto, e aqui Jesus usa essa imagem do Antigo Testamento, o que significa que Deus tinha tudo isso em mente – tudo o que faria a seu Filho, Jesus – e concedia aos filhos de Israel no deserto uma imagem da qual pudessem se lembrar. Trágico, contudo, é que a serpente no poste foi mantida pelo povo muitos anos após o ocorrido. Eles a levaram consigo para a Terra Prometida; ergueram-na como um ídolo naquela terra, e a essa imagem da serpente no poste queimaram incenso e invocaram, até que, finalmente, um dos bons reis de Israel declarou: "Vou colocar um ponto final nisso" e removeu o poste com a serpente, despedaçando-a, dizendo assim ao povo que não mais venerariam esse símbolo, pois seu tempo já havia passado.

O capítulo 3 de João fala de uma conversa particular entre Jesus e Nicodemos, e mais uma vez, para que possamos abordar o versículo 16 da forma correta, precisamos estudar esse diálogo, pois foi nele que tudo aconteceu. Três dos quatro Evangelhos falam dos sermões em público de Jesus, porém no Evangelho de João, que é narrado num tom mais intimista, há um bom número de conversas particulares: com Natanael, com a mulher do poço e, aqui, com Nicodemos. Ele veio à procura de Jesus à noite. Mas por quê? Por autoproteção simplesmente. Nicodemos é chamado de "mestre em Israel". Era o homem que ocupava a posição de principal teólogo da nação, aquele que deveria ter todas as respostas, considerado por todos o mais sábio. Ele veio à noite porque não queria que fosse de conhecimento público que ele mesmo tinha muito a aprender. Nicodemos foi humilde o suficiente para admitir isso, procurar Jesus e lhe fazer perguntas, mas é compreensível que não quisesse fazê-lo publicamente. Não queria pôr em risco sua reputação de mestre em Israel, do homem com todas as respostas; mas, no fundo do coração, ele tinha indagações.

Por que, então, ele veio? Porque era um admirador secreto de Jesus. Havia um elemento no ministério de Jesus que ele desconhecia, que desejava ter, invejava, admirava e cobiçava. Certa dimensão do ensino de Jesus faltava ao ensino de Nicodemos, muito embora ele tivesse a reputação de ser o principal mestre de toda a nação. Essa combinação entre humildade e o desejo de proteger sua reputação, por outro lado, é muito interessante: "Jesus, tu és melhor mestre do que eu sou. Há algo em teu ensino que eu não tenho".

Os dois aspectos destacados por Nicodemos são autoridade e poder. Sabemos que, quando Jesus ensinava, as pessoas comuns se alegravam ao ouvi-lo porque *ele falava com autoridade*. Podiam afirmar a respeito de Jesus: "Esse homem sabe do que está falando". "Pessoas comuns" costumam ser hábeis no julgamento do caráter de mestres e demonstram prontamente sua opinião. Elas estavam ouvindo um homem que sabia do que estava falando. Pessoas sofisticadas muitas vezes são enganadas facilmente. As pessoas inteligentes são as mais fáceis de enganar. Basta escolher as palavras corretas, e elas caem direitinho, mas é muito mais difícil enganar pessoas comuns. Pessoas comuns anunciam despretensiosamente que *"o rei está nu"*.[4] As pessoas comuns tinham prazer em ouvir Jesus porque ele falava com autoridade. *Ele sabia do que estava falando*. Ele também ensinava com poder. Quando ordenava "Saiam..." para um endemoniado, os demônios obedeciam. Quando dizia "Seja curado", a pessoa era curada. Esses eram os dois aspectos do ensinamento de Jesus que Nicodemos não tinha. Ah, sim, Nicodemos tinha bastante conhecimento de teologia. Havia estudado muito, era um bom mestre. Mas não era [e ainda não é] suficiente ser um bom mestre. Nicodemos, na realidade, reconheceu: "Deus está ao seu lado. Cheguei à conclusão de que quando você ensina, Deus valida o seu ensinamento". Que declaração! Na verdade, ele estava dizendo: "Deus não está comigo... no entanto, eu sou o mestre de Israel, portanto preciso do que você tem". Ou: "Como posso ser como você?". Os acadêmicos, no entanto, nunca fazem perguntas pessoais, mas sempre usam o discurso impessoal, usando a terceira pessoa. "Como

---

[4] NT: Uma alusão ao conto de Hans Christian Andersen, A roupa nova do imperador, em que uma criança desfaz uma farsa ao gritar no meio da multidão: "O rei está nu".

alguém pode...?". "Como isso pode acontecer?". Nicodemos não teria dito: "Como eu posso?". Mas era essa a pergunta do seu coração: "Como posso ser um mestre como você?".

Não é de estranhar que Jesus falasse, então, sobre o reino de Deus, ou seja, o governo de Deus, o poder de Deus, a autoridade de Deus. A maior parte do ensino de Jesus tratava do reino de Deus, e parece evidente que Nicodemos não ensinava sobre o tema. Ele não poderia fazê-lo. Jesus, portanto, começou falando-lhe sobre o reino, mas muito rapidamente passou a falar do poder do Espírito Santo, pois era essa a dimensão que faltava ao ensinamento de Nicodemos. Nicodemos desconhecia a dimensão do reino, desconhecia a ação do Espírito Santo, então Jesus lhe falou de forma muito simples: "Nicodemos, você terá de começar do princípio. Você precisa nascer de novo".

Nicodemos, contudo, não era um tolo, mas sim um sofisticado acadêmico e embora perguntasse: "Como posso entrar pela segunda vez no ventre da minha mãe e renascer?" (pergunta aparentemente boba, não é?), ele não estava sendo tolo. Ele indaga como um estudioso: "Sou muito velho para recomeçar. Como um homem velho pode nascer de novo?". Esse homem já tem certa idade e Jesus lhe diz: "Bem, meu conselho a você é: comece tudo de novo; recomece; nasça de novo". Não tente ler além do que está expresso nas palavras de Jesus. Ele está dizendo: "Volte ao começo; comece a vida outra vez".

Nicodemos, na verdade, está perguntando: "Como posso fazer isso? Sou velho demais. Você não pode me devolver ao ventre da minha mãe e começar tudo de novo. Estou velho demais para mudar. Como isso pode acontecer sendo eu assim tão velho?". Então Jesus continuou: "Você precisa começar novamente da água e do Espírito". Essas são as palavras literais, e, mais uma vez, nossas traduções não expressam o sentido original dessas palavras. No grego lemos: "... a menos que um homem nasça *da* água e *do* Espírito, ele não pode ver o reino de Deus".

Há muita discussão quanto ao significado de "água" aqui no texto. O que Jesus quis dizer? Uma interpretação evangélica comum é a de que Jesus está se referindo a dois nascimentos: *um nascimento da água*, seu nascimento físico, *e um nascimento do Espírito*, seu nascimento espiritual. Não creio, de forma alguma, que Jesus referia-se a isso. Seria um pouco redundante afirmar que um homem deve nascer tanto fisicamente quanto espiritualmente. De que outra maneira poderia ser? Algumas pessoas preferem achar uma saída para a interpretação de "água", afirmando que "nascido da água" é uma referência à bolsa d'água que se rompe pouco antes dos bebês virem ao mundo, e depois eles são "nascidos do Espírito" quando se convertem. Não acho que seja esse o sentido – uma referência a dois nascimentos. Creio sim que Jesus se refere a dois batismos: um batismo na água e um batismo no Espírito. A preposição "de" [do grego *ex*, indicando "sair"] é muito importante – nascido de novo da água e do Espírito. Não é possível sair *de* algo antes de sermos colocados ou de termos entrado ali. Mas penso que, com simplicidade, Jesus está falando a Nicodemos sobre o início de seu próprio ministério, e não apenas como Nicodemos poderia fazê-lo.

Geralmente, nos esquecemos que, durante trinta anos, Jesus não pôde realizar um único milagre. Em alguns "evangelhos apócrifos" (como são chamados os evangelhos que não se encontram na sua Bíblia, como o evangelho de Tomé e o evangelho de Filipe, ambos lendários e escritos anos depois), Jesus realiza milagres quando ainda menino. Em certa ocasião, contam, um garoto empurrou Jesus para a lama e por isso Jesus o amaldiçoou com lepra. Você não fica feliz por não encontrar essa passagem em sua Bíblia? Em outra ocasião, Jesus moldou pequenos pássaros de barro, os abençoou e eles começaram a voar. Você não fica feliz porque essa passagem também não está na sua Bíblia? Elas estão nesses "evangelhos" considerados inadequados, mas não são encontradas em nossa Bíblia. A verdade é que até os 30 anos de idade, Jesus podia confeccionar cadeiras e mesas, porém não tinha um ministério. Ele não podia realizar milagre nenhum porque não os podia fazer como Filho de Deus, mas somente como Filho do homem, cheio do Espírito Santo. Mais tarde, ele diria: "Mas se é pelo Espírito de Deus que eu expulso demônios, então chegou a vocês o Reino de Deus". Ele reconhecia que seu poder e autoridade pertenciam ao Espírito Santo. E como começou seu ministério? A partir da água e do Espírito. O Evangelho de Lucas nos conta que assim que Jesus saiu das águas do rio Jordão, enquanto orava, os céus se abriram e o Espírito Santo desceu sobre ele como uma pomba. Foi quando Jesus começou seu poderoso ministério, não antes disso. Não surpreende que as pessoas de Nazaré dissessem: "Não é este o filho do carpinteiro? No entanto, nunca o vimos fazer coisas assim em casa".

Jesus começou seu ministério quando saiu da água e foi cheio com o Espírito – e agora ele está dizendo a Nicodemos: "Você precisa começar de novo". Ele praticamente afirma: "Iniciei minha obra a partir da água e do Espírito, quando tinha 30 anos de idade". Daquele momento em diante, Jesus teve um ministério poderoso, com autoridade e poder sobre enfermidades e demônios e todo o resto. Ele está respondendo à pergunta de Nicodemos. Esse é mais um dos casos em que um versículo é retirado de seu contexto e afirmamos: "A menos que um homem experimente o novo nascimento da água e do Espírito, não pode ver o reino de Deus", mas isso foi dito a Nicodemos, que havia perguntado: "Como posso ter um ministério como o seu?". E Jesus está lhe dando a resposta: "Água e Espírito". Nicodemos, o principal mestre de Israel, não teria sido batizado por João Batista. Fariseus não seriam batizados por João. Água e Espírito, eu acredito, são referências a dois batismos e significam também que pessoas comuns, como você e eu, também podem exercer um ministério poderoso – se começarmos novamente com os dois batismos: na água e no Espírito.

Na última noite de sua vida na Terra, Jesus afirmou: "As obras que faço, vocês podem fazer, e farão, quando o poder descer sobre vocês..." e isso aconteceu! Essa é a minha compreensão. Creio que Jesus esteja dizendo: "Nicodemos, foi assim que começou para mim, quando eu tinha 30 anos. Pode começar para você da mesma forma, assim como para qualquer pessoa".

Portanto, Jesus realmente respondeu à primeira pergunta implícita de Nicodemos: "Como posso eu, velho como sou, começar novamente como você?". Era algo gloriosamente possível. Mas Nicodemos continuou. Não se limitou a indagar "Como pode um homem fazer isso?", pois sua pergunta, na verdade, era "Como eu posso fazer isso?". Jesus declarou que o que nasce da carne é carne, mas o que nasce do Espírito é espírito. E não é possível manipular o Espírito. Assim como não se controla o vento, não se pode controlar o Espírito Santo. *Não se pode dizer* de onde o vento sopra nem para onde ele vai, mas se sabe quando ele o atinge. A única coisa que de fato sabemos a respeito do vento é quando ele nos toca, quando sentimos seu impacto em nós. Jesus disse que o mesmo acontece com o Espírito; não podemos explicar de onde o Espírito sopra nem para onde ele vai, mas saberemos quando ele nos tocar, e isso é tudo que precisamos saber.

Jesus disse, então: "Como você, o mestre de Israel, desconhece essas coisas? Como pode alegar ensinar a todos da nação, se precisa receber ensinamentos tão simples? Estou lhe falando sobre coisas terrenas e você não as entende; se lhe falasse sobre coisas celestiais, como poderia compreendê-las?". Aqui, Jesus está desafiando Nicodemos, pois, supostamente, trata-se do grande teólogo de toda a nação, eu diria "o arcebispo de Israel!". "Você precisa aprender essas coisas simples", disse Jesus. "Veja, ninguém esteve no céu, então, como podemos saber das coisas celestiais? Bem, a resposta é que alguém desceu do céu para contá-las a nós – e eu estou lhe contando agora. O Filho do homem. E trouxe verdades celestiais para você". Que afirmação!

Nicodemos, então, faz uma terceira pergunta. A primeira foi: "Como posso ser um mestre como você?". A segunda foi: "Como um velho pode começar tudo novamente?". E a terceira: "Como isso pode acontecer?". Perceba que ele não diz: "Como pode acontecer comigo?" ou "Como posso nascer de novo?". Ele sempre pergunta: "Como são essas coisas?", "Como algo assim pode acontecer a alguém?". Na verdade, ele está perguntando: "Como posso ter o Espírito Santo? Como ele pode vir a mim?".

Então Jesus introduz o episódio de Moisés e a serpente de bronze. Por quê? Tente pensar em uma conexão. A resposta é, na verdade, muito simples. Até que você creia em Jesus, não é possível fazer com que o Espírito Santo impacte o seu ministério. Simples assim. Os que vieram à cruz e creram naquele que ali morreu agora estão preparados para receber o sopro do Espírito. Jesus, portanto, novamente responde à pergunta de Nicodemos, dizendo: "Há mais uma coisa que devo lhe explicar agora – o Filho não somente desceu do céu, mas deve ser levantado em um madeiro, assim como Moisés levantou a serpente".

Percebe como Jesus está conduzindo esse homem, passo a passo, a um entendimento do que pode transformá-lo como pessoa, transformando também seu ministério? Achegando-se à cruz, crendo naquele que ali morreu e recebendo o poder do Espírito Santo em sua vida. É uma discussão e tanto. Obviamente, a conversa prolongou-se por horas e temos somente um pequeno trecho, mas pude lhe apresentar seu ponto central. Você consegue ver como ela flui?

Agora estamos prontos para examinar João 3.16 mais uma vez. Jesus está respondendo às perguntas de Nicodemos, uma a uma, porém ainda não esgotamos o versículo 16. Tenho uma "Bíblia com letras vermelhas", aquela na qual as palavras de Jesus são impressas em vermelho e o restante do texto em tinta preta. Onde termina a impressão em vermelho? Se eu prestar atenção às aspas que indicam o que Nicodemos disse a Jesus e o que Jesus disse a Nicodemos, elas se abrem no versículo 10. Após o versículo 10, onde se fecham as aspas? O ponto principal é que precisamos saber quem disse as palavras do versículo 16. A maioria das pessoas pensa que foi Jesus quem as disse a Nicodemos. Bem, os versículos 14 e 15 são certamente palavras de Jesus, mas e o versículo 16? Essa é a pergunta. Quando estudamos qualquer versículo bíblico, devemos perguntar: Quem disse isso, a quem se dirige e por que o disse? Bem, quero lhe dizer que estou totalmente convencido de que Jesus não falou o versículo 16 a Nicodemos. E esse é um ponto muito importante. Na tradução da Nova Versão Internacional, as aspas não se fecham até o versículo 21, mas segundo as anotações no rodapé, alguns tradutores fecharam as aspas no versículo 15. Sua Bíblia tem esse breve comentário? Bom, você pode riscá-lo, qualquer que seja, e devolver as aspas ao final do versículo 15, pois se trata do fim da conversa com Nicodemos.

Quero lhe dar cinco razões para embasar minhas afirmações. O versículo 22, é claro, retorna à narrativa. "Depois disso, Jesus foi com os seus discípulos para a terra da Judeia...", portanto é evidente que não se trata da conversa entre Jesus e Nicodemos, pois ela foi concluída no versículo 15, e aqui estão as cinco razões. Primeira razão: há uma repetição desnecessária no final dos versículos 15 e

16. Você observou essa repetição curiosa? Final do versículo 15: "...para que todo o que nele crer tenha a vida eterna". Final do versículo 16: "para que todo o que nele crer não pereça, mas tenha a vida eterna". Seria estranho que Jesus repetisse suas próprias palavras dessa forma, não é algo que ele costumava fazer.

Mas essa não é a razão principal. Segunda razão: a palavra *porque* no início do versículo 16, como eu disse antes, geralmente significa "na verdade" ou trata-se de uma forma de expandir ou explicar o que acabou de ser dito. Jesus estava expandindo ou explicando o que havia dito pouco antes? É improvável.

Terceira razão: até o versículo 15, Jesus usa os pronomes pessoais "você" e "eu", mas, do versículo 16 em diante, o texto é impessoal, na terceira pessoa: "eles", "ele". Não se fala mais em "eu" ou "você". O lado pessoal da conversa se encerrou. Essa razão ainda não seria suficiente para mim. A prova seguinte é esta: Jesus sempre se referiu a si mesmo como "Filho do homem", nunca como "Filho unigênito". Este é um título que João lhe deu, mas nunca foi usado por Jesus, no entanto, no versículo 15 ele diz "...é necessário que o Filho do homem seja levantado" e, pouco antes, "...aquele que veio do céu: o Filho do homem". Se fosse Jesus quem ainda estivesse falando, ele teria dito: "... porque Deus tanto amou o mundo que deu o Filho do homem...". Mas ele não o fez. No versículo 16, o texto muda para Filho unigênito, que é o título dado por João a Jesus a partir do capítulo 1. Não é a forma como o próprio Jesus se refere a si mesmo, mas o título que lhe foi conferido por João. No entanto, o que de fato encerra a discussão é a seguinte evidência: no versículo 15, a cruz ainda não havia acontecido, mas no versículo 16, sim. Entende o que quero dizer? A morte de Jesus ainda é um evento futuro no versículo 15, quando Jesus está falando a Nicodemos, porém no versículo 16, trata-se de um fato passado. "Deus amou o mundo por isso ele deu..." e ponto final. O versículo 15, portanto, foi dito antes que Jesus morresse, e o versículo 16 após a sua morte. Sendo assim, o texto do versículo 16 em diante é o comentário de João sobre o que ele acabara de relatar.

5
A MENSAGEM PARA OS CRISTÃOS

No versículo 16, portanto, não estamos diante das palavras de Jesus. Essa é a principal questão para mim. Eu afirmei que Jesus e os apóstolos jamais falaram aos incrédulos sobre o amor de Deus. Essa teria sido a única exceção. Se o versículo 16 traz as palavras de Jesus a Nicodemos, ele teria falado sobre o amor de Deus a um incrédulo – o que provaria que estou equivocado – mas, na realidade, não é assim.

Então, será que importa, de fato, se essas palavras foram ditas por Jesus ou por João? Sim, importa muito, porque em parte, como já destaquei, provaria que Jesus falou sobre o amor de Deus a um incrédulo, e isso ele nunca fez, mas, principalmente, porque precisamos indagar o que levou João a dizer essas palavras e a quem ele as dirige. Isso significa que o versículo 16 deve ser tratado de forma diferente. Devemos perguntar por que João acrescentou esse comentário à conversa entre Jesus e Nicodemos. Nem todos os quatro Evangelhos foram escritos para incrédulos. (Expus esse ponto de forma muito enfática e completa em meu livro *A Chave para Entender a Bíblia* e sugeriria que você lesse o capítulo sobre o Evangelho de João intitulado "O propósito de João"). Presume-se que, pelo fato de 3.16 estar presente em um "evangelho", ele faz parte do evangelho para incrédulos. É parte das boas novas, portanto pode ser usado no evangelismo, visto que os Evangelhos, seguramente, são evangelísticos. Mas não são. Dois dos quatro Evangelhos foram escritos para crentes, os outros dois foram escritos para incrédulos. E é muito importante que usemos cada um dos quatro Evangelhos conforme o propósito para o qual foi escrito. Na verdade, somente um deles é chamado de evangelho, e esse é o de Marcos. João não chamou seus escritos de Evangelho de João; nós é que o chamamos assim. Penso que isso nos levou a concluir equivocadamente que ele foi escrito para incrédulos. Além disso, o Evangelho de João tem sido usado e distribuído nas campanhas evangelísticas. Mas não é o evangelho mais apropriado para ser oferecido a incrédulos. João não é um evangelho para incrédulos! Creio que algumas pessoas apenas o usem na esperança de que os interessados façam a leitura até João 3.16. No entanto, nunca ouvi um evangelista pregar sobre o capítulo 1 de João. Você já ouviu um sermão evangelístico baseado no texto "No princípio era aquele que é a Palavra. Ele estava com Deus, e era Deus"? Tente pregar sobre isso a um incrédulo. É confrontá-lo logo de cara com o que lhe parecerá impossível de acreditar: a pré-existência eterna de Cristo. Não é o melhor tema para iniciar a conversa com um incrédulo. O Evangelho de João foi um dos dois Evangelhos escritos para crentes.

Acho, contudo, que preciso explicar essa questão um pouco mais a fundo porque, para muitas pessoas, é nova a ideia de um "evangelho" que não tenha sido escrito para a evangelização ou para incrédulos. Os Evangelhos de Marcos e Lucas foram ambos escritos para incrédulos e são muito apropriados para serem entregues a alguém que nada sabe a respeito de Jesus e deseja ler sobre ele. Marcos está cheio de ação – os atos de Jesus. Lucas está repleto de palavras – as palavras de Jesus, seus ensinamentos na forma de parábolas incomparáveis, como a do filho pródigo e a do bom samaritano – que são compreendidas por todos. Mateus, entretanto, não foi escrito para incrédulos, mas sim para novos crentes e, particularmente, novos crentes judeus, pois havia muitos deles na igreja primitiva. Apresentar o Evangelho de Mateus a incrédulos é fatal. Por quê? Porque eles o interpretarão de forma equivocada. Mateus aproveitou o Evangelho de Marcos e então reuniu em cinco blocos tudo o que Jesus disse sobre o reino do céu. O primeiro bloco, que chamamos de Sermão do Monte (capítulos cinco a sete), fala do estilo de vida do reino. Vem, então, a missão do reino (capítulo dez). Em seguida, o crescimento do reino (capítulo 13). E depois, a comunidade do reino (capítulo 18). Finalmente, o futuro do reino (capítulos 24 e 25). Cada palavra desses blocos de ensinamento sobre o reino é dirigida a crentes e totalmente inaplicável a incrédulos. Por exemplo, a frase "Vocês são o sal da terra" dita por Jesus no Sermão do Monte se aplicava a incrédulos? É claro que não. No mesmo bloco Jesus afirma: "Bem-aventurados serão vocês quando, por minha causa os insultarem, perseguirem...". Isso é para incrédulos? Obviamente que não.

Na verdade, o que encontramos em Mateus são ensinamentos para os que estão chegando ao reino e precisam aprender a viver nele – precisam aprender sobre o estilo de vida no reino. Lamentavelmente, muitos usam o Evangelho de Mateus como um programa social e político. Gandhi e o russo Dostoievski fizeram isso; Martin Luther King também, e transformaram esse Sermão do Monte em um manifesto político da revolução sem violência. É uma violação da Bíblia. Mateus foi escrito para que os crentes aprendessem a respeito do reino do qual passaram a fazer parte. A ética do Sermão do Monte é inacessível a incrédulos e nada fácil também aos crentes, mas foi dirigida a eles.

Da mesma forma, o Evangelho de João foi escrito para crentes mais maduros. Tudo o que está escrito nesse "evangelho" é dirigido ao crente, e seu propósito geral é muito claro. Precisamos conhecer um pouco de seu contexto. João foi o apóstolo mais longevo. (Todos os outros haviam sido mortos, ele foi o único a chegar a uma idade avançada.) João, o apóstolo que Jesus amava, escreveu seu evangelho sessenta anos após ter conhecido Jesus. Sabemos que Jesus amava mais João do que todos os outros. João era o discípulo amado. E escreveu esse livro com um propósito específico. Percebemos que seu evangelho é muito diferente dos outros três. Em João, são omitidos alguns fatos que estão presentes nos demais Evangelhos: as tentações de Jesus, por exemplo. E alguns eventos narrados em João não se encontram nos outros Evangelhos. Por que ele é tão diferente? Porque fala sobre a pessoa de Jesus. Não aborda *o que ele fez*, como Marcos. Não trata do que *ele disse*, como Mateus e Lucas; mas nos conta *quem ele era*. É a verdadeira história de Jesus; é a história de sua pessoa e não de sua obra. E foi escrito para pessoas que eram cristãs maduras. Seu objetivo está exposto no capítulo 20. Lemos ali que se tudo o que Jesus fez e disse fosse registrado por escrito, o mundo não poderia conter os livros que seriam escritos. Lemos em 20.31: "Mas estes foram escritos para que vocês creiam que Jesus é o Cristo, o Filho de Deus e, crendo, tenham vida em seu nome". [A forma verbal no grego é o presente contínuo.] "Para que vocês continuem crendo." Já vimos isso no versículo 16 do capítulo três, certo? "Continue crendo para continuar tendo a vida eterna." E João escreveu todo o evangelho para encorajar as pessoas a continuar crendo na pessoa de Jesus – a fim de que pudessem continuar tendo vida em seu nome. Não para que *começassem* a crer, ou para que *viessem a crer*, mas para que *continuassem crendo*, portanto *continuassem vivendo*.

Esse é o propósito geral do evangelho, e outras fontes confirmam esse propósito. Vou explicar. Levantou-se na cidade de Éfeso um mestre dito cristão que não ensinava toda a verdade. Seu nome era Cerinto, e seu ensinamento era o mesmo das Testemunhas de Jeová hoje: que Jesus não era totalmente Deus; que estava mais próximo de Deus do que nós, mas não era totalmente divino. E por essa razão, a Bíblia das Testemunhas de Jeová fez uma mudança em João 1.1. Em lugar de: "No princípio era aquele que é a Palavra. Ele estava com Deus, e era Deus", a Bíblia que eles distribuem afirma: "No princípio era aquele que é a Palavra. Ele estava com Deus, e era *um* Deus". Quando inserem a palavrinha "um" alteram toda a mensagem.

João lutava contra essa visão distorcida de que Jesus era um meio-termo, algo entre homem e Deus; que não era totalmente homem, tampouco era totalmente Deus. O erro que ele combatia na época era a crença de que Jesus não era totalmente Deus. João escreveu esse livro deliberada e especificamente para enfatizar que Jesus era realmente Deus. Séculos depois, a Igreja foi obrigada a inserir essa afirmação em um credo. Será que você já se perguntou o significado de "Deus verdadeiro de Deus verdadeiro"?[5] É esse o significado: que Jesus é absolutamente tudo o que Deus pode ser. Ele é Deus, totalmente divino.

João, já idoso, costumava ser levado aos banhos públicos em Éfeso. Era carregado e colocado na água. Certa vez, quando viu Cerinto, João gritou: "Saiamos daqui! Saiamos!". Tudo isso porque Cerinto estava na piscina! João sabia que esse homem estava destruindo a fé cristã, portanto era um inimigo mortal da verdade. O "apóstolo do amor" também amava a verdade.

João, portanto, escreveu esse evangelho para opor-se a essa heresia, e podemos perceber como ele fez isso. Em primeiro lugar, no Evangelho de João, há sete pessoas que declaram que Jesus é divino; *sete testemunhas* – o número perfeito – que vão de João Batista a Tomé – sete testemunhas de que Jesus é Deus. Depois, ele selecionou *sete milagres*. Seis deles sequer aparecem em Mateus, Marcos ou Lucas, mas são sete dos milagres mais espetaculares que você pode imaginar. Todos, exceto um deles, muito mais espetaculares do que os registados nos outros Evangelhos. O único milagre em comum é a multiplicação dos pães e peixes para os cinco mil, que já é bastante espetacular. A cura de alguém que

---

[5] NT: Retirado do Credo Niceno.

havia sido cego durante quarenta anos! Para João, todos os sete milagres são sinais de que aquele que os realiza era (incondicionalmente) divino. E há sete afirmações que começam com o nome de Deus, "Eu Sou". Elas não se encontram em nenhum dos outros Evangelhos: "Eu sou o bom pastor", "Eu sou o caminho, e a verdade e a vida", "Eu sou a ressurreição e a vida", "Eu sou o pão do céu", "Eu sou a porta das ovelhas", e em uma ocasião, "Antes que Abraão existisse, eu sou".

João, portanto, relata ao leitor sete testemunhos de que Jesus era Deus, sete milagres que nenhum outro homem realizou e sete afirmações incomparáveis feitas por Jesus a respeito de si mesmo. (Mais sobre isso você pode encontrar em meu livro *A Chave para Entender a Bíblia*.) João escreveu seu evangelho para crentes, na verdade, suplicando a eles: "Não deem ouvidos ao falso ensinamento; continuem crendo que ele é o Filho de Deus, e continuem tendo vida em seu nome". Foi por essa razão que ele escreveu João 3.16. Esse versículo é dirigido aos crentes, e quando lemos os versículos posteriores a 3.16, percebemos que ele está discutindo com crentes a consequência de Cristo ter vindo e ter sido "dado". O resultado, segundo ele, é que o juízo já está acontecendo, pois as pessoas amaram mais as trevas do que a luz. A vinda de Jesus, o fato de que Deus o entregou e o mundo não o aceitou já se configuram como o início do juízo. João está discutindo toda essa questão com leitores *cristãos*. Em outras palavras, acredita-se que o versículo 16, por ter sido escrito por João, não diz respeito à conversa de Jesus com Nicodemos, um incrédulo. É uma mensagem aos cristãos.

Quero me aprofundar um pouco mais nessa questão. Se removermos o versículo 16 de seu contexto e o usarmos como uma ferramenta na evangelização, estaremos violando o texto. Deixaremos a impressão errada. Como já destaquei, damos a entender que o evangelho começa com o amor de Deus, mas não é assim. O evangelho começa com a *justiça* de Deus e a *oferta de sua justiça* (cf. Rm 1.16-17). João 3.16, portanto, não serve como uma síntese do evangelho. E assim fica óbvia a razão pela qual Jesus e os apóstolos nunca pregaram sobre João 3.16 ou sua mensagem. O enfoque do texto tende mais a mostrar o Salvador que morreu do que o Salvador vivo, a cruz em lugar da ressurreição, sem levar em conta a ascensão ao céu e a segunda vinda de Cristo. O principal problema de se usar João 3.16 no evangelismo é o fato de que ele não informa adequadamente às pessoas como responder ao evangelho. Em João 3.16, não há nenhuma palavra sobre arrependimento – nenhuma sequer. Não há nenhuma palavra sobre ser batizado; não há nenhuma palavra sobre receber o Espírito. O problema de evangelizar usando um versículo que não ensina com todos os detalhes apropriados como as pessoas devem responder é que isso resulta em uma decisão simplória, insuficiente para uma verdadeira mudança de vida. O exemplo clássico dessa violação de versículos é Apocalipse 3.20: "Eis que estou à porta, e bato; se alguém ouvir a minha voz, e abrir a porta, entrarei em sua casa, e com ele cearei, e ele comigo". Acredita-se que o versículo fala sobre conversão. Jesus está batendo à porta do seu coração, por favor, deixe-o entrar. Acho que esse versículo foi usado em todas as campanhas evangelísticas que presenciei. Tenho em minha biblioteca 36 livretos sobre como tornar-se cristão, e os li com toda a atenção antes de escrever *The Normal Christian Birth* [O Nascimento Cristão Normal]. Todos eles citam Apocalipse 3.20. Mas a "porta" mencionada no texto é a porta de uma igreja; o versículo é dirigido aos cristãos que perderam a presença de Cristo em seus encontros eclesiásticos, e a boa notícia é que basta um membro da igreja abrir a porta para que Jesus possa entrar. É uma boa notícia, não acha? Não tem nada a ver com conversão, mas se você o usar, deixará de fora o arrependimento e o batismo, e simplesmente dirá: "Abra a porta e deixe-o entrar". Ou "Convide Cristo para entrar em sua vida". Os apóstolos jamais falaram dessa forma, mas nós o fazemos porque pegamos um versículo e acreditamos que ele resume todo o evangelho. A verdadeira resposta ao evangelho é a resposta de Pedro em Atos 2. Ao ser questionado: "Que faremos?", ele disse: "Arrependam-se, e cada um de vocês seja batizado em nome de Jesus Cristo, para perdão dos seus pecados, e receberão o dom do Espírito Santo". Esse é o versículo que devemos usar quando estamos comunicando a alguém como se tornar cristão, e não "Abra a porta e deixe ele entrar" ou "Convide-o para entrar em sua vida". Esses são eufemismos que não transmitem a realidade.

Quero enfatizar que João 3.16 não faz menção ao arrependimento ou ao batismo, ambos elementos essenciais para quem deseja entrar no reino. Por que João 3.16 não menciona o arrependimento e o batismo? A resposta é muito simples. As pessoas às quais João está escrevendo já se arrependeram e foram batizadas. Não precisam mais dessa mensagem. O que precisam ouvir é: *Continuem crendo, para que possam continuar tendo vida*. Por estar alinhado com todo o teor e o propósito do evangelho é que João 3.16 não aborda os princípios básicos para tornar-se cristão. O texto não está lidando com um movimento de evangelização. Trata-se de uma mensagem muito mais importante para os cristãos: "Continuem crendo".

Finalmente, analisando o uso indevido de João 3.16, vemos que, quando o transformamos em uma mensagem evangelística ou em um versículo para incrédulos, oferecemos uma visão muito simples – tanto do evangelho quanto da resposta que devem dar a ele. Observamos que João não menciona o arrependimento ou o batismo precisamente porque está se dirigindo a pessoas que já se arrependeram, foram batizadas, que precisam firmar-se na fé professada no início e continuar crendo para continuar tendo vida eterna.

O maior problema de transformar João 3.16 em uma mensagem evangelística para o incrédulo é perder de vista sua importante mensagem para o crente, razão pela qual o versículo foi incluído em João. O Evangelho de João foi escrito precisamente para que as *pessoas continuem crendo* e assim *continuem tendo vida*. Talvez, um dos equívocos mais comuns seja entender a vida eterna como um pacote que nos é entregue quando cremos em Jesus, *então, de posse desse pacote*, temos a vida eterna e ela é nossa para sempre, não podemos perdê-la. A ideia de que é possível *perder* a vida eterna é nova para muitos, muitos cristãos, pois a maioria dos cristãos ocidentais ouviu que isso não pode acontecer, e que uma vez recebendo a vida eterna, nós a temos eternamente, é algo estabelecido para todo o sempre. Desse modo, muitas vezes lemos João 3.16 com ideias pré-concebidas, com uma perspectiva que afirma "crer uma vez é crer para sempre" ou "uma vez salvo, salvo para sempre". Lemos as formas verbais de forma equivocada. Em vez de perceber que o texto afirma "Deus amou..." e "se continuarmos crendo, continuamos tendo vida", invertemos as formas verbais e dizemos "Deus continua amando..." e "precisamos crer apenas uma vez". Invertemos a mensagem porque a temos lido através de lentes específicas. A mensagem de João 3.16 (quando lida com toda a atenção) é que a vida eterna pode ser perdida, que você deixa de ter a vida eterna quando deixa de crer naquele que morreu por nós.

A razão para isso é explicada em outra passagem do Evangelho de João e, seguramente, em sua primeira carta. Há um versículo na primeira carta de João que inunda de luz essa questão:

Quem tem o Filho, tem a vida; quem não tem o Filho

de Deus, não tem a vida. [Quem continua tendo o Filho, continua tendo a venda; quem não continua tendo o Filho de Deus, continua não tendo a vida.] (1Jo 5.11-12)

O verbo "ter" no grego está no presente contínuo. A chave do texto é que Deus nos deu vida eterna, mas essa vida não está em nós. Essa vida está em seu Filho; nós a recebemos apenas por meio de seu Filho. Não a recebemos por nós mesmos. Portanto, como João continua dizendo, *quem está tendo o Filho*, ou literalmente, quem continua tendo o Filho, continua tendo vida. Mas aquele que continua não tendo o Filho *não continua* tendo vida. A vida eterna não está no cristão, está em Cristo.

A passagem do Evangelho de João que expressa essa ideia com total clareza é o capítulo 15, em que Jesus afirma: "Eu sou a videira"; "Eu sou a videira verdadeira". E ele diz: "Vocês são os ramos", mas aqui a analogia se expande, pois, para Jesus, os ramos podem escolher se permanecem ou não na videira. Normalmente, os ramos de uma videira não têm escolha, estão presos a ela e ponto final. Mas em Jesus, a videira viva e verdadeira, os ramos têm uma decisão a tomar, uma escolha a fazer. A escolha é permanecer ou não na videira. E assim, ele exorta os discípulos: "Fiquem em mim", "Habitem em mim", "Permaneçam em mim". Em outras palavras, fica claro que temos uma escolha, mesmo em Cristo, de permanecer ou não permanecer nele. Observe que o preço de não permanecer nele é este: o ramo não tem vida em si mesmo. Sua vida está somente na videira. O ramo não tem vida, mas a videira tem vida, e o ramo tem vida enquanto estiver na videira. No entanto, o que acontece quando ele perde contato com a videira? Bem, ele murcha. Primeiro torna-se infrutífero, depois murcha, e então é cortado fora e lançado ao fogo. Linguagem muito contundente, de fato, para os ramos cristãos na videira verdadeira. No entanto, Jesus afirma da forma mais clara possível: "Permaneça em mim, fique firme. E como a vida eterna está em mim e não em você, se continuar permanecendo em mim você continuará tendo vida; se não permanecer em mim, perderá a vida".

A vida eterna, portanto, não é um "pacote", mas um relacionamento, não é algo que Deus concede quando cremos; mas é algo que temos quando estamos em Cristo, e enquanto estivermos em Cristo, continuaremos a ter vida eterna – e foi por essa razão que João escreveu todo esse evangelho aos cristãos. Continue crendo nele e você continuará tendo vida. Essa é a mensagem de João 3.16 aos crentes. No entanto, enquanto pregarmos João 3.16 como um evangelho destinado a incrédulos, deixaremos de alertar os crentes quanto à possibilidade de perder a vida eterna por não permanecerem na videira verdadeira – por não habitarem em Cristo; por não continuarem confiando nele e obedecendo-lhe, por não continuarem crendo nele e, consequentemente, por não continuarem tendo vida.

Essa vida, diz João, não está em nós, essa vida está em Jesus. Deus nos deu a vida eterna, mas esse presente está nele, não em nós; é nele que recebemos o presente, porém fora dele, o perderemos. Temos, portanto, esse apelo urgente. Creio que João 3.16 desafia o clichê "uma vez salvo, salvo para sempre", uma frase que você jamais encontrará em sua Bíblia. Não estou sequer "uma vez salvo", ainda! Estarei um dia, quando estiver livre de todo vestígio de pecado, seja ele qual for. Nesse dia poderei gritar: "Uma vez salvo, salvo para sempre!", pois então será verdade. Creio, porém que João carregava consigo um fardo pesado: ele via os cristãos se afastando, conduzidos por falsos ensinamentos a respeito do próprio Jesus.

O versículo "Como escaparemos nós, se negligenciarmos tão grande salvação?" (Hb 2.3) é destinado a cristãos, não a incrédulos. Não fala da negligência de incrédulos para com o evangelho, mas de crentes que negligenciam seu caminho de salvação. É tão fácil se desviar, menosprezar a fé, cair na incredulidade e perder a vida eterna. A tragédia de usar João 3.16 como uma síntese do evangelho é deixar que sua verdadeira mensagem se perca. Muitos lançam João 3.16 aos não convertidos, dizendo: "Isso é para você". Não é. É para todos nós que somos cristãos.

6
O APÓSTOLO DA IRA

Já comentamos que João é chamado de "o apóstolo do amor". O próprio João refere-se a si mesmo como o "discípulo amado", e ele era de fato. O lugar de João durante as refeições era o mais próximo do Senhor. Eles não se sentavam em cadeiras, mas reclinavam-se em um tipo de sofá. Reclinavam-se sobre o braço esquerdo e comiam com a mão direita, portanto a cabeça ficava próxima aos pés da pessoa ao lado. (Razão pela qual eles lavavam os pés antes das refeições, o que me parece bastante sensato.) Isso significa que cada pessoa ficava apoiada sobre outra pessoa e João era sempre o que se reclinava sobre Jesus. (Nossa expressão "amigo do peito" vem dos dias em que a pessoa, literalmente, apoiava-se em outra.) Era o lugar escolhido, à direita do principal anfitrião, e João sempre ocupava essa posição. Podemos ter uma ideia de como os outros apóstolos se sentiam a esse respeito. Havia um pouco de ciúme, que transparece em determinado momento.

João, portanto, era o apóstolo amado e, com o passar dos anos, tornou-se cada vez mais enfático a respeito da palavra "amor". Na verdade, já com idade avançada, participava no culto dominical afirmando sempre: "Tenho apenas uma coisa a dizer: filhinhos, amem uns aos outros". Conta-se que, no final da sua vida, ele tinha muitos textos, mas um único sermão: "Amem-se uns aos outros". João era o apóstolo do amor, e muitos estudiosos do Novo Testamento acreditam que é ele quem leva o cristianismo ao seu ápice, que seus escritos são o pináculo do cristianismo do Novo Testamento e que sua ênfase no amor é, na verdade, o clímax de todo o ensinamento do Novo Testamento. Foi ele, é claro, o apóstolo que afirmou "Deus é amor" e, por certa perspectiva, trata-se da mais sublime e profunda afirmação da natureza divina que alguém poderia fazer. Como aluno da Universidade de Cambridge, deparei-me com essa visão, e você também deve ter encontrado pregadores que defendem com veemência essa posição.

Acho muito curioso que não tenha sido permitido a João ter a última palavra no Novo Testamento. Se ele representava o clímax de toda a mensagem, se de fato nos levava às alturas com sua forte ênfase no amor, não seria interessante se o Novo Testamento terminasse ali, deixando a todos essa imagem de um Deus de amor, do nosso amor por ele e uns pelos outros? De certo modo, seria um final muito feliz. Mas não é assim que o Novo Testamento termina. Jesus tem a última palavra em nosso Novo Testamento, e sua mensagem final é bastante contundente. Sob muitos aspectos, parece uma mensagem desprovida de amor. O livro de Apocalipse dificilmente seria descrito como um livro sobre o "amor". A palavra "amor" aparece apenas uma única vez em todo o livro, quando Jesus declara a uma das sete igrejas: "Repreendo e disciplino aqueles que eu amo". Não é algo muito "simpático", "amoroso" e "confortador" de se dizer. Essa é a única menção à palavra "amor" encontrada no livro, pois o restante fala da ira de Deus e da ira de Jesus. Na verdade, o clímax acontece no meio do livro, quando todos estão orando por um terremoto. Clamar por terremotos! Sob quais circunstâncias as pessoas fazem isso? Descobrimos que isso ocorre quando elas percebem que estão perante as faces cheias de ira de Deus, o Pai, e de Deus, o Filho. Em vez de enfrentar sua ira, clamam: "Montanhas, caiam sobre nós e escondam-nos da face daquele que está assentado no trono e da ira do Cordeiro!". Um livro de "amor"? No entanto, é a última mensagem do Novo Testamento. É o verdadeiro clímax da história. E aqui está a ironia: Jesus talvez tenha dito a si mesmo: "Bom, para quem devo ditar esse livro? A quem entregarei essa terrível mensagem? Já sei, ao apóstolo João; vou entregar a ele essa mensagem". João foi levado, já idoso, para trabalhar nas pedreiras de uma ilha chamada Patmos, e ali o Senhor Jesus lhe concedeu a revelação do que estava por vir e de como tudo iria acabar: com um novo universo onde habita a justiça.

De alguma forma, isso equilibra a balança. O "apóstolo do amor", que tanto enfatizou o amor em seu evangelho e em suas cartas, foi, mesmo assim, escolhido para nos trazer a mais terrível notícia sobre a ira futura de Deus ao lidar com o mundo corrupto. Precisamos nos certificar de transmitir às pessoas toda a verdade. O Senhor Jesus escolheu o "apóstolo do amor" para registrar por escrito esse alerta severo e sombrio – o livro de Apocalipse – para concluir a história.

Observo que os que hoje pregam uma "mensagem do amor incondicional de Deus" não conseguem lidar com o livro de Apocalipse e o evitam. Falam sobre o presente, mas não sobre o futuro. De alguma forma, o livro de Apocalipse não se encaixa em seu "evangelho". Para mim, no entanto, tudo se ajusta de forma perfeita e maravilhosa. Toda a história começou e terminará com Deus. Trata-se, do começo ao fim, de uma ênfase no *Deus de justiça* – ele desejou um mundo *justo* e pretende obtê-lo; e um dia ele terá um novo céu e uma nova terra onde habita a justiça (2 Pedro 3.13).

POSFÁCIO E ORAÇÃO

Neste estudo, analisamos João 3.16 muito atentamente. Peço agora que você reflita por si mesmo a respeito do tema. Não me "compare" a outros mestres: "Concordo com esse" ou "Discordo desse..." ou "Fulano não concorda com beltrano". Não devemos entrar nesse tipo de questão. Examine a Bíblia você mesmo e tire suas conclusões. Examine-a, seja convencido por ela e fale a verdade em amor.

Quero deixar muito claro que acredito que devemos *demonstrar* aos outros o amor de Deus. Em vez de pregar a eles sobre o amor *ágape* de Deus, devemos *demonstrá-lo*.

Devemos conduzi-los ao ponto em que percebem que Deus é justo, que tudo o que ele faz é bom e justo e que ele julgará todos sem qualquer favoritismo ou parcialidade. Nós, portanto, devemos buscar e contemplar aquele que foi pendurado no madeiro sobre o monte como um ato amoroso de Deus, a fim de nos libertar da morte certa que, de outra forma, será nossa.

Suponho que, no final, seria melhor jamais ter nascido do que perder a oportunidade que o dom de amor de Deus em Jesus tornou possível.

Deus demonstra seu amor por nós: Cristo morreu em nosso favor quando ainda éramos pecadores (Rm 5.8).

ORAÇÃO

Senhor, compreendemos uma pequena porção do teu amor, quando consideraste nossa necessidade e fizeste algo em nosso favor. Que é o homem para que com ele te importes – agindo em seu favor naquela maravilhosa ocasião em que entregaste teu Filho por nós? Somos imensamente gratos. Gratos por termos ouvido a boa nova, gratos por aqueles que se deram ao trabalho de compartilhá-la conosco. Gratos por teu Espírito Santo que nos deu entendimento. Gratos por teres nos convencido do pecado e da justiça e do juízo. Gratos por tornares isso possível.

Oramos agora para que teu Espírito Santo nos ensine a verdade que precisamos ouvir; se estivermos desorientados, que ele possa nos guiar. Se estivermos confusos, que ele traga clareza em meio à confusão, ordem em meio ao caos, como fez no início.

Senhor, ajuda-nos, pois não queremos enfatizar o que diz um autor em particular, mas apenas a tua palavra e teu amor *ágape*.

Ajuda-nos, Senhor, guia-nos, perdoa-nos porque falamos a outros que tu amas incondicionalmente e não nos preocupamos em como eles entenderiam a mensagem. E de agora em diante, Senhor, dá-nos sabedoria, coragem e graça para que a verdade seja anunciada, a verdade que liberta.

E que tenhamos o cuidado de render-te toda a glória, todo o louvor e toda a honra devidos ao teu santo nome, por meio de Jesus Cristo, nosso Senhor. *Amém.*

www.ingramcontent.com/pod-product-compliance
Lightning Source LLC
Chambersburg PA
CBHW050508120526
44588CB00044B/1729